KB103751

프랑스어

성경 암송 습관

La Sainte Bible

프랑스어
성경 암송 습관

La Sainte Bible

다니엘 번역팀 엮음

도서출판은혜의강

* 언제나 우리 곁에 계시고 말씀하시는 하나님을 친밀히 의식하며 사는 데 도움을 주기 위한 책입니다.
* 본문의 성경은 **개역한글**(한국어)과 *Louis Segond 1910*(프랑스어) 버전입니다.
* 첫 장부터 차례대로 또는 아무데나 자유롭게 펼쳐 읽고 암송하며 묵상하십시오.
* 편안하게 따라 쓰면서 암송하는 것도 좋습니다.

"복 있는 사람은

악인의 꾀를 좇지 아니하며

죄인의 길에 서지 아니하며

오만한 자의 자리에 앉지 아니하고

오직 여호와의 율법을 즐거워하여

그 율법을 주야로 묵상하는 자로다.

저는 시냇가에 심은 나무가 시절을 좇아 과실을 맺으며

그 잎사귀가 마르지 아니함 같으니

그 행사가 다 형통하리로다."

_시편 1편 1-3절

Heureux l'homme qui ne marche pas selon le conseil
des méchants, Qui ne s'arrête pas sur la voie des
pécheurs, Et qui ne s'assied pas en compagnie des
moqueurs,

Mais qui trouve son plaisir dans la loi de l'Eternel, Et
qui la médite jour et nuit!

Il est comme un arbre planté près d'un courant
d'eau, Qui donne son fruit en sa saison, Et dont le
feuillage ne se flétrit point: Tout ce qu'il fait lui
réussit.

_Psaumes 1:1-3

인생의 모든 문제의 답과 행복의 비결은 하나님께 있습니다. 하나님께서 우리 인간을 지으셨고 우리가 행복하길 바라시기 때문입니다. 하나님과 이 행복의 비결을 알 수 있는 최선의 방법은 그분의 영감으로 써진, 그래서 능력 있고 살아 움직이는 성경 말씀을 늘 곁에 두고서 암송하며 묵상하고 실천하는 것입니다.

하나님의 말씀을 마음에 새기면, 살아가면서 우리를 향한 그분의 마음을 알고 문제에 부딪혔을 때 우리의 생각과 마음을 지키며 길을 찾을 수 있습니다. 우리가 기도하거나 묵상할 때 또는 삶의 어느 순간에든지 하나님께서 그 말씀들을 생각나게 하심으로써 바른 길로 인도해 주실 것이기 때문입니다. 그 인도하심을 잘 따라가면 우리는 인생길을 바르게 가고 성경에서 말하는 복 있는 사람이 될 것입니다.

"les saintes lettres, qui peuvent te rendre sage à salut par la foi en Jésus Christ.
성경은 능히 너로 하여금 그리스도 예수 안에 있는 믿음으로 말미암아 구원에 이르는 지혜가 있게 하느니라"

디모데후서 3:15

"Ta parole est une lampe à mes pieds, Et une lumière sur mon sentier.
주의 말씀은 내 발에 등이요 내 길에 빛이니이다"

시편 119:105

우리를 사랑하시는 하나님 아버지의 마음이 잘 드러나고 그리스도인으로서 꼭 알아야 할 말씀들 166구절을 한국어와 프랑스어 버전으로 나란히 실었습니다. 강력한 말씀들을 우리의 머리와 마음에 저장하는 습관, 날마다 말씀을 읽고 암송하며 묵상하는 습관을 들이는 데 이 작은 책자가 도움을 주고 싶습니다. 더불어 한국어 성경과 병행해 프랑스어 성경을 읽으면서 말씀을 좀 더 명확하게 깨닫고, 배가된 감동을 느끼며, 프랑스어 학습에도 도움을 받기를 바랍니다.

언제 어디서든 마음 가는 대로 아무 장이나 펼쳐서,

또는 앞에서부터 차례대로 읽고 묵상하고 또 읽고 묵상하기를 반복하면 어느덧 아름답고 힘 있는 말씀들이 우리 마음에 들어와 있는 것을 느낄 것입니다. 단, 억지로 외우려 하지 말고 말씀 한 구절 한 구절을 바르게 깨달을 수 있도록 성령님께 도움을 구하면서 천천히 읽고 곱씹기를 제안합니다.

힘든 세상살이에서 뒤처지지 않기 위해 때로는 위로와 격려를 받기 위해, 궁극적으로는 참 복을 얻기 위해 애쓰며 사는 모든 이들이, 참 지혜와 생명의 길을 밝히 보여 주는 귀중한 보물인 성경 말씀을 가까이 하여 믿음과 예수님을 아는 지식이 자라고, 날마다 새로운 기쁨과 행복한 삶을 누리기를 간절히 바랍니다.

다니엘 번역팀

(**다니엘 번역팀**은 말씀과 문학, 언어를 연구하는 모임입니다. 《영어로 읽는 주 예수의 생애》《영어로 읽는 어린 왕자》《3개 국어로 읽는 어린 왕자》《영어 성경 암송 습관》을 엮고 펴냈습니다.)

▌Table des Matières 차례

1. Espère en Dieu
하나님을 바라며

전심으로 여호와를 구하는 자

시편 119:1-3

행위 완전하여 여호와의 법에 행하는 자가 복이 있음이
여 여호와의 증거를 지키고 전심으로 여호와를 구하는
자가 복이 있도다 실로 저희는 불의를 행치 아니하고
주의 도를 행하는도다

주를 앙망하오니

이사야 33:2

여호와여 우리에게 은혜를 베푸소서

우리가 주를 앙망하오니 주는 아침마다

우리의 팔이 되시며 환난 때에 우리의 구원이 되소서

Heureux ceux qui le cherchent de tout leur coeur

Psaumes 119:1-3

Heureux ceux qui sont intègres dans leur voie, Qui marchent selon la loi de l'Eternel! Heureux ceux qui gardent ses préceptes, Qui le cherchent de tout leur coeur, Qui ne commettent point d'iniquité, Et qui marchent dans ses voies!

Nous espérons en toi

Ésaïe 33:2

Eternel, aie pitié de nous! Nous espérons en toi.

Sois notre aide chaque matin,

Et notre délivrance au temps de la détresse!

새 힘을 얻으리니

이사야 40:31

오직 여호와를 앙망하는 자는 새 힘을 얻으리니 독수리의 날개 치며 올라감 같을 것이요 달음박질하여도 곤비치 아니하겠고 걸어가도 피곤치 아니하리로다

나의 힘이 되신 여호와여

시편 18:1-2

나의 힘이 되신 여호와여 내가 주를 사랑하나이다
여호와는 나의 반석이시요 나의 요새시오
나를 건지시는 자시요 나의 하나님이시오
나의 피할 바위시요 나의 방패시오
나의 구원의 뿔이시요 나의 산성이시로다

Renouvellent leur force

Esaïe 40:31

Mais ceux qui se confient en l'Éternel renouvellent leur force. Ils prennent le vol comme les aigles; Ils courent, et ne se lassent point, Ils marchent, et ne se fatiguent point.

ô Éternel, ma force!

Psaumes 18:1-2

Je t'aime, ô Éternel, ma force!

Éternel, mon rocher, ma forteresse, mon libérateur! Mon Dieu, mon rocher, où je trouve un abri! Mon bouclier, la force qui me sauve, ma haute retraite!

한 가지

시편 27:4

내가 여호와께 청하였던 한 가지 일 곧 그것을 구하리
니 곧 나로 내 생전에 여호와의 집에 거하여 여호와의
아름다움을 앙망하며 그 전에서 사모하게 하실 것이라

내 영혼이 주를 찾기에 갈급하니이다

시편 42:1

하나님이여 사슴이 시냇물을 찾기에 갈급함 같이
내 영혼이 주를 찾기에 갈급하니이다

Je demande à l'Éternel une chose

Psaumes 27:4

Je demande à l'Éternel une chose, que je désire ardemment: Je voudrais habiter toute ma vie dans la maison de l'Éternel, Pour contempler la magnificence de l'Éternel Et pour admirer son temple.

Mon âme soupire après toi, ô Dieu!

Psaumes 42:1

Comme une biche soupire après des courants d'eau, Ainsi mon âme soupire après toi, ô Dieu!

내 영혼아 여호와를 송축하라

시편 103:1-5

내 영혼아 여호와를 송축하라

내 속에 있는 것들아 다 그 성호를 송축하라

내 영혼아 여호와를 송축하며

그 모든 은택을 잊지 말지어다

저가 네 모든 죄악을 사하시며

네 모든 병을 고치시며

네 생명을 파멸에서 구속하시고

인자와 긍휼로 관을 씌우시며

좋은 것으로 네 소원을 만족케 하사

네 청춘으로 독수리 같이 새롭게 하시는도다

Mon âme, bénis l'Éternel!

Psaumes 103:1-5

Mon âme, bénis l'Éternel!

Que tout ce qui est en moi bénisse son saint nom!

Mon âme, bénis l'Éternel, Et n'oublie aucun de ses bienfaits!

C'est lui qui pardonne toutes tes iniquités,

Qui guérit toutes tes maladies;

C'est lui qui délivre ta vie de la fosse,

Qui te couronne de bonté et de miséricorde;

C'est lui qui rassasie de biens ta vieillesse,

Qui te fait rajeunir comme l'aigle.

주의 이름이 온 땅에 어찌 그리 아름다운지요

시편 8:1-4

여호와 우리 주여

주의 이름이 온 땅에 어찌 그리 아름다운지요

주의 영광을 하늘 위에 두셨나이다

주의 대적을 인하여 어린 아이와 젖먹이의 입으로

말미암아 권능을 세우심이여

이는 원수와 보수자로 잠잠케 하려 하심이니이다

주의 손가락으로 만드신 주의 하늘과

주의 베풀어 두신 달과 별들을 내가 보오니

사람이 무엇이관대 주께서 저를 생각하시며

인자가 무엇이관대 주께서 저를 권고하시나이까

Que ton nom est magnifique sur toute la terre!

Psaumes 8:1-4

Éternel, notre Seigneur!

Que ton nom est magnifique sur toute la terre!

Ta majesté s'élève au-dessus des cieux.

Par la bouche des enfants et de ceux qui sont à la mamelle Tu as fondé ta gloire, pour confondre tes adversaires, Pour imposer silence à l'ennemi et au vindicatif.

Quand je contemple les cieux, ouvrage de tes mains, La lune et les étoiles que tu as créées:

Qu'est-ce que l'homme, pour que tu te souviennes de lui?

Et le fils de l'homme, pour que tu prennes garde à lui?

감사하며 송축할지어다

시편 100

온 땅이여 여호와께 즐거이 부를지어다
기쁨으로 여호와를 섬기며 노래하면서
그 앞에 나아갈지어다
여호와가 우리 하나님이신 줄 너희는 알지어다
그는 우리를 지으신 자시오
우리는 그의 것이니 그의 백성이요
그의 기르시는 양이로다
감사함으로 그 문에 들어가며
찬송함으로 그 궁정에 들어가서
그에게 감사하며 그 이름을 송축할지어다
대저 여호와는 선하시니 그 인자하심이 영원하고
그 성실하심이 대대에 미치리로다

Célébrez-le, bénissez son nom!

Psaumes 100

Poussez vers l'Éternel des cris de joie, Vous tous, habitants de la terre!

Servez l'Éternel, avec joie, Venez avec allégresse en sa présence!

Sachez que l'Éternel est Dieu!

C'est lui qui nous a faits, et nous lui appartenons; Nous sommes son peuple, et le troupeau de son pâturage.

Entrez dans ses portes avec des louanges, Dans ses parvis avec des cantiques!

Célébrez-le, bénissez son nom!

Car l'Éternel est bon; sa bonté dure toujours, Et sa fidélité de génération en génération.

생명과 복과 사망과 화를 네 앞에 두었나니

신명기 30:15-16

보라 내가 오늘날 생명과 복과 사망과 화를 네 앞에 두었나니 곧 내가 오늘날 너를 명하여 네 하나님 여호와를 사랑하고 그 모든 길로 행하며 그 명령과 규례와 법도를 지키라 하는 것이라 그리하면 네가 생존하며 번성할 것이요 또 네 하나님 여호와께서 네가 가서 얻을 땅에서 네게 복을 주실 것임이니라

:

주께서 선한 것이 무엇임을 보이셨나니

미가 6:8

사람아 주께서 선한 것이 무엇임을 네게 보이셨나니 여호와께서 네게 구하시는 것이 오직 공의를 행하며 인자를 사랑하며 겸손히 네 하나님과 함께 행하는 것이 아니냐

Devant toi la vie et le bien, la mort et le mal

Deutéronome 30:15-16

Vois, je mets aujourd'hui devant toi la vie et le bien, la mort et le mal. Car je te prescris aujourd'hui d'aimer l'Éternel, ton Dieu, de marcher dans ses voies, et d'observer ses commandements, ses lois et ses ordonnances, afin que tu vives et que tu multiplies, et que l'Éternel, ton Dieu, te bénisse dans le pays dont tu vas entrer en possession.

On t'a fait connaîtrece qui est bien

Michée 6:8

On t'a fait connaître, ô homme, ce qui est bien; Et ce que l'Éternel demande de toi, C'est que tu pratiques la justice, Que tu aimes la miséricorde, Et que tu marches humblement avec ton Dieu.

생명의 길로 내게 보이시리니

시편 16:8-11

내가 여호와를 항상 내 앞에 모심이여
그가 내 우편에 계시므로 내가 요동치 아니하리로다
이러므로 내 마음이 기쁘고 내 영광도 즐거워하며
내 육체도 안전히 거하리니
이는 내 영혼을 음부에 버리지 아니하시며
주의 거룩한 자로 썩지 않게 하실 것임이니이다
주께서 생명의 길로 내게 보이시리니
주의 앞에는 기쁨이 충만하고
주의 우편에는 영원한 즐거움이 있나이다

Tu me feras connaître le sentier de la vie

Psaumes 16:8-11

J'ai constamment l'Éternel sous mes yeux;

Quand il est à ma droite, je ne chancelle pas.

Aussi mon coeur est dans la joie, mon esprit dans l'allégresse, Et mon corps repose en sécurité.

Car tu ne livreras pas mon âme au séjour des morts, Tu ne permettras pas que ton bien-aimé voie la corruption.

Tu me feras connaître le sentier de la vie;

Il y a d'abondantes joies devant ta face, Des délices éternelles à ta droite.

여호와를 기뻐하라

시편 37:4-6
여호와를 기뻐하라
저가 네 마음의 소원을 이루어 주시리로다
너의 길을 여호와께 맡기라
저를 의지하면 저가 이루시고 네 의를 빛같이
나타내시며 네 공의를 정오의 빛같이 하시리로다

항상 기뻐하라

데살로니가전서 5:16-18
항상 기뻐하라 쉬지 말고 기도하라 범사에 감사하라 이는
그리스도 예수 안에서 너희를 향하신 하나님의 뜻이니라

Fais de l'Éternel tes délices

Psaumes 37:4-6

Fais de l'Éternel tes délices, Et il te donnera ce que ton coeur désire.

Recommande ton sort à l'Éternel, Mets en lui ta confiance, et il agira.

Il fera paraître ta justice comme la lumière, Et ton droit comme le soleil à son midi.

Soyez toujours joyeux

1 Thessaloniciens 5:16-18

Soyez toujours joyeux. Priez sans cesse. Rendez grâces en toutes choses, car c'est à votre égard la volonté de Dieu en Jésus Christ.

구원의 하나님을 기뻐하리로다

하박국 3:17-19

비록 무화과나무가 무성치 못하며

포도나무에 열매가 없으며

감람나무에 소출이 없으며

밭에 식물이 없으며

우리에 양이 없으며 외양간에 소가 없을지라도

나는 여호와를 인하여 즐거워하며

나의 구원의 하나님을 인하여 기뻐하리로다

주 여호와는 나의 힘이시라

나의 발을 사슴과 같게 하사

나로 나의 높은 곳에 다니게 하시리로다

Je veux me réjouir dans le Dieu de mon salut

Habacuc 3:17-19

Car le figuier ne fleurira pas, La vigne ne produira rien, Le fruit de l'olivier manquera, Les champs ne donneront pas de nourriture; Les brebis disparaîtront du pâturage, Et il n'y aura plus de boeufs dans les étables.

Toutefois, je veux me réjouir en l'Éternel, Je veux me réjouir dans le Dieu de mon salut.

L'Éternel, le Seigneur, est ma force; Il rend mes pieds semblables à ceux des biches, Et il me fait marcher sur mes lieux élevés.

주 밖에 나의 사모할 자 없나이다

시편 73:21-25

내 마음이 산란하며 내 심장이 찔렸나이다 내가 이같이 우매 무지하니 주의 앞에 짐승이오나 내가 항상 주와 함께하니 주께서 내 오른손을 붙드셨나이다
주의 교훈으로 나를 인도하시고 후에는 영광으로 나를 영접하시리니 하늘에서는 주 외에 누가 내게 있으리요 땅에서는 주밖에 나의 사모할 자 없나이다

아침에 나로 주의 인자한 말씀을 듣게 하소서

시편 143:8

아침에 나로 주의 인자한 말씀을 듣게 하소서 내가 주를 의뢰함이니이다 나의 다닐 길을 알게 하소서 내가 내 영혼을 주께 받듦이니이다

Je ne prends plaisir qu'en toi

Psaumes 73:21-25

Lorsque mon coeur s'aigrissait, Et que je me sentais percé dans les entrailles, J'étais stupide et sans intelligence, J'étais à ton égard comme les bêtes.

Cependant je suis toujours avec toi, Tu m'as saisi la main droite; Tu me conduiras par ton conseil, Puis tu me recevras dans la gloire.

Quel autre ai-je au ciel que toi! Et sur la terre je ne prends plaisir qu'en toi.

Fais-moi dès le matin entendre ta bonté!

Psaumes 143:8

Fais-moi dès le matin entendre ta bonté! Car je me confie en toi. Fais-moi connaître le chemin où je dois marcher! Car j'élève à toi mon âme.

여호와는 나의 목자

시편 23편

여호와는 나의 목자시니 내가 부족함이 없으리로
다

그가 나를 푸른 초장에 누이시며 쉴 만한 물가로
인도하시는도다

내 영혼을 소생시키고 자기 이름을 위하여 의의
길로 인도하시는도다

내가 사망의 음침한 골짜기로 다닐지라도 해를 두
려워하지 않을 것은 주께서 나와 함께 하심이라

주의 지팡이와 막대기가 나를 안위하시나이다

주께서 내 원수의 목전에서 내게 상을 베푸시고
기름으로 내 머리에 바르셨으니 내 잔이 넘치나이
다

나의 평생에 선하심과 인자하심이 정녕 나를 따르
리니 내가 여호와의 집에 영원히 거하리로다.

L'Éternel est mon berger

Psaumes 23

L'Éternel est mon berger: je ne manquerai de rien.

Il me fait reposer dans de verts pâturages, Il me dirige près des eaux paisibles.

Il restaure mon âme, Il me conduit dans les sentiers de la justice, A cause de son nom.

Quand je marche dans la vallée de l'ombre de la mort, Je ne crains aucun mal, car tu es avec moi: Ta houlette et ton bâton me rassurent.

Tu dresses devant moi une table, En face de mes adversaires; Tu oins d'huile ma tête, Et ma coupe déborde.

Oui, le bonheur et la grâce m'accompagneront Tous les jours de ma vie, Et j'habiterai dans la maison de l'Éternel Jusqu'à la fin de mes jours.

주의 법을 사랑하나이다

시편 119:113-114

내가 두 마음 품는 자를 미워하고 주의 법을 사랑하나이다
주는 나의 은신처요 방패시라 내가 주의 말씀을 바라나이다

주의 말씀을 즐거워하나이다

시편 119:162-165

사람이 많은 탈취물을 얻은 것처럼
나는 주의 말씀을 즐거워하나이다
내가 거짓을 미워하며 싫어하고 주의 법을 사랑하나이다
주의 의로운 규례를 인하여
내가 하루 일곱 번씩 주를 찬양하나이다
주의 법을 사랑하는 자에게는 큰 평안이 있으니
저희에게 장애물이 없으리이다

J'aime ta loi

Psaumes 119:113-114

Je hais les hommes indécis, Et j'aime ta loi.

Tu es mon asile et mon bouclier; J'espère en ta promesse.

Je me réjouis de ta parole

Psaumes 119:162-165

Je me réjouis de ta parole, Comme celui qui trouve un grand butin.

Je hais, je déteste le mensonge; J'aime ta loi.

Sept fois le jour je te célèbre, A cause des lois de ta justice.

Il y a beaucoup de paix pour ceux qui aiment ta loi, Et il ne leur arrive aucun malheur.

하나님의 말씀은 살았고 운동력이 있어

히브리서 4:12-13

하나님의 말씀은 살았고 운동력이 있어 좌우에 날선 어떤 검보다도 예리하여 혼과 영과 및 관절과 골수를 찔러 쪼개기까지 하며 또 마음의 생각과 뜻을 감찰하나니 지으신 것이 하나라도 그 앞에 나타나지 않음이 없고 오직 만물이 우리를 상관하시는 자의 눈앞에 벌거벗은 것같이 드러나느니라

여호와를 의지하는 자가 복이 있느니라

잠언 16:20

삼가 말씀에 주의하는 자는 좋은 것을 얻나니
여호와를 의지하는 자가 복이 있느니라

La parole de Dieu est vivante et efficace

Hébreux 4:12-13

Car la parole de Dieu est vivante et efficace, plus tranchante qu'une épée quelconque à deux tranchants, pénétrante jusqu'à partager âme et esprit, jointures et moelles; elle juge les sentiments et les pensées du coeur.

Nulle créature n'est cachée devant lui, mais tout est à nu et à découvert aux yeux de celui à qui nous devons rendre compte.

Celui qui se confie en l'Éternel est heureux

Proverbes 16:20

Celui qui réfléchit sur les choses trouve le bonheur, Et celui qui se confie en l'Éternel est heureux.

여호와의 인자하심은 영원부터 영원까지 이르며

시편 103:15-18

인생은 그 날이 풀과 같으며

그 영화가 들의 꽃과 같도다

그것은 바람이 지나면 없어지나니

그곳이 다시 알지 못하거니와

여호와의 인자하심은 자기를 경외하는 자에게

영원부터 영원까지 이르며

그의 의는 자손의 자손에게 미치리니 곧 그 언약을

지키고 그 법도를 기억하여 행하는 자에게로다

La bonté de l'Éternel dure à jamais

Psaumes 103:15-18

L'homme! ses jours sont comme l'herbe, Il fleurit comme la fleur des champs.

Lorsqu'un vent passe sur elle, elle n'est plus, Et le lieu qu'elle occupait ne la reconnaît plus.

Mais la bonté de l'Éternel dure à jamais pour ceux qui le craignent, Et sa miséricorde pour les enfants de leurs enfants,

Pour ceux qui gardent son alliance, Et se souviennent de ses commandements afin de les accomplir.

복 있는 사람은

시편 1:1-3

복 있는 사람은

악인의 꾀를 좇지 아니하며

죄인의 길에 서지 아니하며

오만한 자의 자리에 앉지 아니하고

오직 여호와의 율법을 즐거워하여

그 율법을 주야로 묵상하는 자로다

저는 시냇가에 심은 나무가 시절을 좇아 과실을 맺으며

그 잎사귀가 마르지 아니함 같으니

그 행사가 다 형통하리로다

Heureux l'homme qui

Psaumes 1:1-3

Heureux l'homme qui ne marche pas selon le conseil des méchants, Qui ne s'arrête pas sur la voie des pécheurs, Et qui ne s'assied pas en compagnie des moqueurs,

Mais qui trouve son plaisir dans la loi de l'Éternel, Et qui la médite jour et nuit!

Il est comme un arbre planté près d'un courant d'eau, Qui donne son fruit en sa saison, Et dont le feuillage ne se flétrit point:

Tout ce qu'il fait lui réussit.

2. Crois en Dieu

하나님을 신뢰하여

여호와는 네게 복을 주시고

민수기 6:24-26

여호와는 네게 복을 주시고 너를 지키시기를 원하며 여
호와는 그 얼굴로 네게 비취사 은혜 베푸시기를 원하며
여호와는 그 얼굴을 네게로 향하여 드사 평강 주시기를
원하노라

사람의 길은 여호와의 눈앞에 있나니

잠언 5:21

대저 사람의 길은 여호와의 눈앞에 있나니
그가 그 모든 길을 평탄케 하시느니라

Que l'Éternel te bénisse

Nombres 6:24-26

Que l'Éternel te bénisse, et qu'il te garde!

Que l'Éternel fasse luire sa face sur toi,

et qu'il t'accorde sa grâce!

Que l'Éternel tourne sa face vers toi,

et qu'il te donne la paix!

Les voies de l'homme sont devant les yeux de l'Éternel

Proverbes 5:21

Car les voies de l'homme sont devant les yeux de l'Éternel, Qui observe tous ses sentiers.

나를 안전히 거하게 하시는 이

시편 4:7-8

주께서 내 마음에 두신 기쁨은
저희의 곡식과 새 포도주의 풍성할 때보다 더하니이다
내가 평안히 눕고 자기도 하리니
나를 안전히 거하게 하시는 이는 오직 여호와시니이다

여호와를 경외하라

시편 34:9-10

너희 성도들아 여호와를 경외하라 저를 경외하는 자에게
는 부족함이 없도다 젊은 사자는 궁핍하여 주릴지라도 여
호와를 찾는 자는 모든 좋은 것에 부족함이 없으리로다

ô Éternel! tu me donnes la sécurité

Psaumes 4:7-8

Tu mets dans mon coeur plus de joie qu'ils n'en ont Quand abondent leur froment et leur moût.

Je me couche et je m'endors en paix, Car toi seul, ô Éternel! tu me donnes la sécurité dans ma demeure.

Craignez l'Éternel, vous ses saints!

Psaumes 34:9-10

Craignez l'Éternel, vous ses saints! Car rien ne manque à ceux qui le craignent. Les lionceaux éprouvent la disette et la faim, Mais ceux qui cherchent l'Éternel ne sont privés d'aucun bien.

여호와의 선하심을 맛보아 알지어다

시편 34:6-8

이 곤고한 자가 부르짖으매 여호와께서 들으시고
그 모든 환난에서 구원하셨도다
여호와의 사자가 주를 경외하는 자를
둘러 진 치고 저희를 건지시는도다
너희는 여호와의 선하심을 맛보아 알지어다
그에게 피하는 자는 복이 있도다

평강의 복을 주시리로다

시편 29:11

여호와께서 자기 백성에게 힘을 주심이여
여호와께서 자기 백성에게 평강의 복을 주시리로다

Sentez et voyez combien l'Éternel est bon!

Psaumes 34:6-8

Quand un malheureux crie, l'Éternel entend, Et il le sauve de toutes ses détresses.

L'ange de l'Éternel campe autour de ceux qui le craignent, Et il les arrache au danger.

Sentez et voyez combien l'Éternel est bon! Heureux l'homme qui cherche en lui son refuge!

L'Éternel bénit son peuple et le rend heureux

Psaumes 29:11

L'Éternel donne la force à son peuple;
L'Éternel bénit son peuple et le rend heureux.

하나님을 바라라

시편 42:11
내 영혼아 네가 어찌하여 낙망하며
어찌하여 내 속에서 불안하여 하는고
너는 하나님을 바라라
나는 내 얼굴을 도우시는 내 하나님을
오히려 찬송하리로다

나의 도움이 어디서 올꼬

시편 121:1-2
내가 산을 향하여 눈을 들리라
나의 도움이 어디서 올꼬
나의 도움이 천지를 지으신 여호와에게서로다

Espère en Dieu

Psaumes 42:11

Pourquoi t'abats-tu, mon âme, et gémis-tu au dedans de moi? Espère en Dieu, car je le louerai encore; Il est mon salut et mon Dieu.

D'où me viendra le secours?

Psaumes 121:1-2

Je lève mes yeux vers les montagnes...

D'où me viendra le secours?

Le secours me vient de l'Éternel,

Qui a fait les cieux et la terre.

지존자의 은밀한 곳

시편 91:1-4

지존자의 은밀한 곳에 거하는 자는 전능하신 자의 그늘 아래 거하리로다

내가 여호와를 가리켜 말하기를 저는 나의 피난처요 나의 요새요 나의 의뢰하는 하나님이라 하리니

이는 저가 너를 새 사냥꾼의 올무에서와 극한 염병에서 건지실 것임이로다

저가 너를 그 깃으로 덮으시리니 네가 그 날개 아래 피하리로다 그의 진실함은 방패와 손 방패가 되나니

여호와의 이름은 견고한 망대

잠언 18:10

여호와의 이름은 견고한 망대라
의인은 그리로 달려가서 안전함을 얻느니라

Sous l'abri du Très Haut

Psaumes 91:1-4

Celui qui demeure sous l'abri du Très Haut Repose
à l'ombre du Tout Puissant.

Je dis à l'Éternel: Mon refuge et ma forteresse,
Mon Dieu en qui je me confie!

Car c'est lui qui te délivre du filet de l'oiseleur, De
la peste et de ses ravages.

Il te couvrira de ses plumes, Et tu trouveras un
refuge sous ses ailes; Sa fidélité est un bouclier et
une cuirasse.

Le nom de l'Éternel est une tour forte

Proverbes 18:10

Le nom de l'Éternel est une tour forte;
Le juste s'y réfugie, et se trouve en sûreté.

여호와는 나의 산성

시편 94:19-22
내 속에 생각이 많을 때에
주의 위안이 내 영혼을 즐겁게 하시나이다
율례를 빙자하고 잔해를 도모하는 악한 재판장이
어찌 주와 교제하리이까 저희가 모여 의인의 영혼을
치려 하며 무죄자를 정죄하여 피를 흘리려 하나
여호와는 나의 산성이시오
나의 하나님은 나의 피할 반석이시라

여호와는 너를 지키시는 자라

시편 121:5-6
여호와는 너를 지키시는 자라
여호와께서 네 우편에서 네 그늘이 되시나니
낮의 해가 너를 상치 아니하며
밤의 달도 너를 해치 아니하리로다

L'Éternel est ma retraite

Psaumes 94:19-22

Quand les pensées s'agitent en foule au dedans de moi, Tes consolations réjouissent mon âme.

Les méchants te feraient-ils siéger sur leur trône, Eux qui forment des desseins iniques en dépit de la loi? Ils se rassemblent contre la vie du juste, Et ils condamnent le sang innocent.

Mais l'Éternel est ma retraite, Mon Dieu est le rocher de mon refuge.

L'Éternel est celui qui te garde

Psaumes 121:5-6

L'Éternel est celui qui te garde,

L'Éternel est ton ombre à ta main droite.

Pendant le jour le soleil ne te frappera point,

Ni la lune pendant la nuit.

여호와를 영원히 의뢰하라

이사야 26:3-4

주께서 심지가 견고한 자를 평강에 평강으로 지키시리니
이는 그가 주를 의뢰함이니이다 너희는 여호와를 영원히
의뢰하라 주 여호와는 영원한 반석이심이로다

인도하시는 여호와

잠언 16:9

사람이 마음으로 자기의 길을 계획할지라도
그 걸음을 인도하는 자는 여호와시니라

Confiez-vous en l'Éternel à perpétuité

Esaïe 26:3-4

A celui qui est ferme dans ses sentiments Tu assures la paix, la paix, Parce qu'il se confie en toi. Confiez-vous en l'Éternel à perpétuité, Car l'Éternel, l'Éternel est le rocher des siècles.

L'Éternel qui dirige ses pas

Proverbes 16:9

Le coeur de l'homme médite sa voie,

Mais c'est l'Éternel qui dirige ses pas.

주 예수를 믿으라

사도행전 16:31
가로되 주 예수를 믿으라
그리하면 너와 네 집이 구원을 얻으리라 하고

여호와께 맡기라

잠언 16:3
너의 행사를 여호와께 맡기라
그리하면 너의 경영하는 것이 이루리라

Crois au Seigneur Jésus

Actes 16:31

Paul et Silas répondirent: Crois au Seigneur Jésus,
et tu seras sauvé, toi et ta famille.

Recommande à l'Éternel tes oeuvres

Proverbes 16:3

Recommande à l'Éternel tes oeuvres,
Et tes projets réussiront.

주께 맡겨 버리라

베드로전서 5:7

너희 염려를 다 주께 맡겨 버리라

이는 저가 너희를 권고하심이니라

마음을 강하게 하고 담대히 하라

여호수아 1:9

내가 네게 명한 것이 아니냐 마음을 강하게 하고 담대
히 하라 두려워 말며 놀라지 말라 네가 어디로 가든지
네 하나님 여호와가 너와 함께 하느니라

Déchargez-vous sur lui

1 Pierre 5:7

Déchargez-vous sur lui de tous vos soucis,
car lui-même prend soin de vous.

Fortifie-toi et prends courage

Josué 1:9

Ne t'ai-je pas donné cet ordre: Fortifie-toi et
prends courage? Ne t'effraie point et ne
t'épouvante point, car l'Éternel, ton Dieu, est avec
toi dans tout ce que tu entreprendras.

근심하지 말라

요한복음 14:1

너희는 마음에 근심하지 말라

하나님을 믿으니 또 나를 믿으라

나의 평안을 너희에게 주노라

요한복음 14:27

평안을 너희에게 끼치노니 곧 나의 평안을 너희에게 주
노라 내가 너희에게 주는 것은 세상이 주는 것 같지 아
니하니라 너희는 마음에 근심도 말고 두려워하지도 말라

Que votre coeur ne se trouble point

Jean 14:1

Que votre coeur ne se trouble point.

Croyez en Dieu, et croyez en moi.

Je vous donne ma paix

Jean 14:27

Je vous laisse la paix, je vous donne ma paix. Je ne vous donne pas comme le monde donne. Que votre coeur ne se trouble point, et ne s'alarme point.

잠잠히 하나님만 바라라

시편 62:5-8

나의 영혼아 잠잠히 하나님만 바라라
대저 나의 소망이 저로 좇아 나는 도다
오직 저만 나의 반석이시오 나의 구원이시오
나의 산성이시니 내가 요동치 아니하리로다
나의 구원과 영광이 하나님께 있음이여
내 힘의 반석과 피난처도 하나님께 있도다
백성들아 시시로 저를 의지하고 그 앞에 마음을 토하라
하나님은 우리의 피난처시로다

너희 모든 쓸 것을 채우시리라

빌립보서 4:19

나의 하나님이 그리스도 예수 안에서 영광 가운데
그 풍성한 대로 너희 모든 쓸 것을 채우시리라

Confie-toi en Dieu!

Psaumes 62:5-8

Oui, mon âme, confie-toi en Dieu! Car de lui vient mon espérance.

Oui, c'est lui qui est mon rocher et mon salut; Ma haute retraite: je ne chancellerai pas.

Sur Dieu reposent mon salut et ma gloire; Le rocher de ma force, mon refuge, est en Dieu.

En tout temps, peuples, confiez-vous en lui, Répandez vos coeurs en sa présence! Dieu est notre refuge.

Mon Dieu pourvoira à tous vos besoins

Philippiens 4:19

Et mon Dieu pourvoira à tous vos besoins selon sa richesse, avec gloire, en Jésus Christ.

여호와는 죽이기도 하시고 살리기도 하시며

사무엘상 2:6-8

여호와는 죽이기도 하시고 살리기도 하시며 음부에 내리게도 하시고 올리기도 하시는도다

여호와는 가난하게도 하시고 부하게도 하시며 낮추기도 하시고 높이기도 하시는도다

가난한 자를 진토에서 일으키시며 빈핍한 자를 거름더미에서 드사 귀족들과 함께 앉게 하시며 영광의 위를 차지하게 하시는도다

땅의 기둥들은 여호와의 것이라 여호와께서 세계를 그 위에 세우셨도다

L'Éternel fait mourir et il fait vivre

1 Samuel 2:6-8

L'Éternel fait mourir et il fait vivre. Il fait descendre au séjour des morts et il en fait remonter.

L'Éternel appauvrit et il enrichit, Il abaisse et il élève.

De la poussière il retire le pauvre, Du fumier il relève l'indigent, Pour les faire asseoir avec les grands. Et il leur donne en partage un trône de gloire;

Car à l'Éternel sont les colonnes de la terre, Et c'est sur elles qu'il a posé le monde.

다 내게로 오라

마태복음 11:28-30

수고하고 무거운 짐 진 자들아 다 내게로 오라 내가 너
희를 쉬게 하리라 나는 마음이 온유하고 겸손하니 나의
멍에를 메고 내게 배우라 그러면 너희 마음이 쉼을 얻
으리니 이는 내 멍에는 쉽고 내 짐은 가벼움이라 하시
니라

소망이 넘치게 하시기를

로마서 15:13

소망의 하나님이 모든 기쁨과 평강을 믿음 안에서 너희
에게 충만케 하사 성령의 능력으로 소망이 넘치게 하시
기를 원하노라

Venez à moi, vous tous

Matthieu 11: 28-30

Venez à moi, vous tous qui êtes fatigués et chargés, et je vous donnerai du repos. Prenez mon joug sur vous et recevez mes instructions, car je suis doux et humble de coeur; et vous trouverez du repos pour vos âmes. Car mon joug est doux, et mon fardeau léger.

Pour que vous abondiez en espérance

Romains 15:13

Que le Dieu de l'espérance vous remplisse de toute joie et de toute paix dans la foi, pour que vous abondiez en espérance, par la puissance du Saint Esprit!

믿음이 없이는 기쁘시게 못하나니

히브리서 11:6

믿음이 없이는 기쁘시게 못하나니 하나님께 나아가는 자는 반드시 그가 계신 것과 또한 그가 자기를 찾는 자들에게 상 주시는 이심을 믿어야 할지니라

믿음은 바라는 것들의 실상

히브리서 11:1-3

믿음은 바라는 것들의 실상이요 보지 못하는 것들의 증거니 선진들이 이로써 증거를 얻었느니라

믿음으로 모든 세계가 하나님의 말씀으로 지어진 줄을 우리가 아나니 보이는 것은 나타난 것으로 말미암아 된 것이 아니니라

Sans la foi il est impossible de lui être agréable

Hébreux 11:6

Or sans la foi il est impossible de lui être agréable; car il faut que celui qui s'approche de Dieu croie que Dieu existe, et qu'il est le rémunérateur de ceux qui le cherchent.

La foi est une ferme assurance des choses qu'on espère

Hébreux 11:1-6

Or la foi est une ferme assurance des choses qu'on espère, une démonstration de celles qu'on ne voit pas. Pour l'avoir possédée, les anciens ont obtenu un témoignage favorable. C'est par la foi que nous reconnaissons que le monde a été formé par la parole de Dieu, en sorte que ce qu'on voit n'a pas été fait de choses visibles.

믿음의 선한 싸움을 싸우라

디모데전서 6:10-12

돈을 사랑함이 일만 악의 뿌리가 되나니 이것을 사모하
는 자들이 미혹을 받아 믿음에서 떠나 많은 근심으로써
자기를 찔렀도다

오직 너 하나님의 사람아 이것들을 피하고 의와 경건과
믿음과 사랑과 인내와 온유를 좇으며 믿음의 선한 싸움
을 싸우라 영생을 취하라

이를 위하여 네가 부르심을 입었고 많은 증인 앞에서
선한 증거를 증거하였도다

Combats le bon combat de la foi

1 Timothée 6:10-12

Car l'amour de l'argent est une racine de tous les maux; et quelques-uns, en étant possédés, se sont égarés loin de la foi, et se sont jetés eux-mêmes dans bien des tourments.

Pour toi, homme de Dieu, fuis ces choses, et recherche la justice, la piété, la foi, la charité, la patience, la douceur.

Combats le bon combat de la foi, saisis la vie éternelle, à laquelle tu as été appelé, et pour laquelle tu as fait une belle confession en présence d'un grand nombre de témoins.

3. Remplis de l'Esprit et la parole de Dieu
말씀과 성령으로

지혜와 권능이 그에게 있음이로다

다니엘 2:20-22

다니엘이 말하여 가로되 영원 무궁히 하나님의 이름을 찬송할 것은 지혜와 권능이 그에게 있음이로다 그는 때와 기한을 변하시며 왕들을 폐하시고 왕들을 세우시며 지혜자에게 지혜를 주시고 지식자에게 총명을 주시는도다 그는 깊고 은밀한 일을 나타내시고 어두운 데 있는 것을 아시며 또 빛이 그와 함께 있도다

여호와를 경외하는 것이 지혜의 근본

잠언 9:10

여호와를 경외하는 것이 지혜의 근본이요
거룩하신 자를 아는 것이 명철이니라

A lui appartiennent la sagesse et la force

Daniel 2:20-22

Daniel prit la parole et dit: Béni soit le nom de Dieu, d'éternité en éternité! A lui appartiennent la sagesse et la force. C'est lui qui change les temps et les circonstances, qui renverse et qui établit les rois, qui donne la sagesse aux sages et la science à ceux qui ont de l'intelligence. Il révèle ce qui est profond et caché, il connaît ce qui est dans les ténèbres, et la lumière demeure avec lui.

Le commencement de la sagesse

Proverbes 9:10

Le commencement de la sagesse, c'est la crainte de l'Éternel; Et la science des saints, c'est l'intelligence.

하나님의 미련한 것이 사람보다 지혜 있고

고린도전서 1:21-25

하나님의 지혜에 있어서는 이 세상이 자기 지혜로 하나님을 알지 못하는 고로 하나님께서 전도의 미련한 것으로 믿는 자들을 구원하시기를 기뻐하셨도다

유대인은 표적을 구하고 헬라인은 지혜를 찾으나 우리는 십자가에 못 박힌 그리스도를 전하니 유대인에게는 거리끼는 것이요 이방인에게는 미련한 것이로되 오직 부르심을 입은 자들에게는 유대인이나 헬라인이나 그리스도는 하나님의 능력이요 하나님의 지혜니라 하나님의 미련한 것이 사람보다 지혜 있고 하나님의 약한 것이 사람보다 강하니라

La folie de Dieu est plus sage

1 Corinthiens 1:21-25

Car puisque le monde, avec sa sagesse, n'a point connu Dieu dans la sagesse de Dieu, il a plu à Dieu de sauver les croyants par la folie de la prédication.

Les Juifs demandent des miracles et les Grecs cherchent la sagesse: nous, nous prêchons Christ crucifié; scandale pour les Juifs et folie pour les païens, mais puissance de Dieu et sagesse de Dieu pour ceux qui sont appelés, tant Juifs que Grecs.

Car la folie de Dieu est plus sage que les hommes, et la faiblesse de Dieu est plus forte que les hommes.

성경은 하나님의 감동으로 된 것으로

디모데후서 3:15-17

네가 어려서부터 성경을 알았나니 성경은 능히 너로 하여금 그리스도 예수 안에 있는 믿음으로 말미암아 구원에 이르는 지혜가 있게 하느니라

모든 성경은 하나님의 감동으로 된 것으로 교훈과 책망과 바르게 함과 의로 교육하기에 유익하니 이는 하나님의 사람으로 온전케 하며 모든 선한 일을 행하기에 온전케 하려 함이니라

지혜가 부족하거든 하나님께 구하라

야고보서 1:5

너희 중에 누구든지 지혜가 부족하거든 모든 사람에게 후히 주시고 꾸짖지 아니하시는 하나님께 구하라 그리하면 주시리라

Toute Écriture est inspirée de Dieu

2 Timothée 3:15-17

Dès ton enfance, tu connais les saintes lettres, qui peuvent te rendre sage à salut par la foi en Jésus Christ. Toute Écriture est inspirée de Dieu, et utile pour enseigner, pour convaincre, pour corriger, pour instruire dans la justice, afin que l'homme de Dieu soit accompli et propre à toute bonne oeuvre.

Qu'il la demande à Dieu

Jacques 1:5

Si quelqu'un d'entre vous manque de sagesse, qu'il la demande à Dieu, qui donne à tous simplement et sans reproche, et elle lui sera donnée.

내 말을 네 마음에 두라

잠언 4:4-6

아버지가 내게 가르쳐 이르기를 내 말을 네 마음에 두라 내 명령을 지키라 그리하면 살리라 지혜를 얻으며 명철을 얻으라 내 입의 말을 잊지 말며 어기지 말라 지혜를 버리지 말라 그가 너를 보호하리라 그를 사랑하라 그가 너를 지키리라

지혜에 장성한 사람이 되라

고린도전서 14:20

형제들아 지혜에는 아이가 되지 말고 악에는 어린 아이가 되라 지혜에 장성한 사람이 되라

Que ton coeur retienne mes paroles

Proverbes 4:4-6

Il m'instruisait alors, et il me disait: Que ton coeur retienne mes paroles; Observe mes préceptes, et tu vivras. Acquiers la sagesse, acquiers l'intelligence; N'oublie pas les paroles de ma bouche, et ne t'en détourne pas. Ne l'abandonne pas, et elle te gardera; Aime-la, et elle te protégera.

À l'égard du jugement, soyez des hommes faits

1 Corinthiens 14:20

Frères, ne soyez pas des enfants sous le rapport du jugement; mais pour la malice, soyez enfants, et, à l'égard du jugement, soyez des hommes faits.

주의 말씀은 내 발에 등이요 내 길에 빛이니이다

시편 119:101-105

내가 주의 말씀을 지키려고 발을 금하여

모든 악한 길로 가지 아니하였사오며

주께서 나를 가르치셨으므로

내가 주의 규례에서 떠나지 아니하였나이다

주의 말씀의 맛이 내게 어찌 그리 단지요

내 입에 꿀보다 더하니이다

주의 법도로 인하여 내가 명철케 되었으므로

모든 거짓 행위를 미워하나이다

·주의 말씀은 내 발에 등이요 내 길에 빛이니이다

Ta parole est une lampe à mes pieds et une lumière sur mon sentier

Psaumes 119:101-105

Je retiens mon pied loin de tout mauvais chemin,
Afin de garder ta parole.

Je ne m'écarte pas de tes lois, Car c'est toi qui m'enseignes.

Que tes paroles sont douces à mon palais, Plus que le miel à ma bouche!

Par tes ordonnances je deviens intelligent, Aussi je hais toute voie de mensonge.

Ta parole est une lampe à mes pieds, Et une lumière sur mon sentier.

나의 법을 잊어버리지 말고

잠언 3:1-4

내 아들아 나의 법을 잊어버리지 말고 네 마음으로 나의 명령을 지키라 그리하면 그것이 너로 장수하여 많은 해를 누리게 하며 평강을 더하게 하리라

인자와 진리로 네게서 떠나지 않게 하고 그것을 네 목에 매며 네 마음 판에 새기라 그리하면 네가 하나님과 사람 앞에서 은총과 귀중히 여김을 받으리라

주의 말씀을 따라 삼가라

시편 119:9

청년이 무엇으로 그 행실을 깨끗케 하리이까
주의 말씀을 따라 삼갈 것이니이다

N'oublie pas mes enseignements

Proverbes 3:1-4

Mon fils, n'oublie pas mes enseignements, Et que ton coeur garde mes préceptes; Car ils prolongeront les jours et les années de ta vie, Et ils augmenteront ta paix.

Que la bonté et la fidélité ne t'abandonnent pas; Lie-les à ton cou, écris-les sur la table de ton coeur. Tu acquerras ainsi de la grâce et une raison saine, Aux yeux de Dieu et des hommes.

En se dirigeant d'après ta parole

Psaumes 119:9

Comment le jeune homme rendra-t-il pur son sentier? En se dirigeant d'après ta parole.

여호와의 율법은 완전하여

시편 19:7-10

여호와의 율법은 완전하여 영혼을 소성케 하고 여호와의 증거는 확실하여 우둔한 자로 지혜롭게 하며 여호와의 교훈은 정직하여 마음을 기쁘게 하고 여호와의 계명은 순결하여 눈을 밝게 하도다

여호와를 경외하는 도는 정결하여 영원까지 이르고 여호와의 규례는 확실하여 다 의로우니 금 곧 많은 정금보다 더 사모할 것이며 꿀과 송이꿀보다 더 달도다

주야로 묵상하여 기록한 대로 다 지켜 행하라

여호수아 1:8

이 율법 책을 네 입에서 떠나지 말게 하며 주야로 그것을 묵상하여 그 가운데 기록한 대로 다 지켜 행하라 그리하면 네 길이 평탄하게 될 것이라 네가 형통하리라

La loi de l'Éternel est parfaite

Psaumes 19:7-10

La loi de l'Éternel est parfaite, elle restaure l'âme; Le témoignage de l'Éternel est véritable, il rend sage l'ignorant. Les ordonnances de l'Éternel sont droites, elles réjouissent le coeur; Les commandements de l'Éternel sont purs, ils éclairent les yeux. La crainte de l'Éternel est pure, elle subsiste à toujours; Les jugements de l'Éternel sont vrais, ils sont tous justes. Ils sont plus précieux que l'or, que beaucoup d'or fin; Ils sont plus doux que le miel, que celui qui coule des rayons.

Médite-le jour et nuit, pour agir fidèlement

Josué 1:8

Que ce livre de la loi ne s'éloigne point de ta bouche; médite-le jour et nuit, pour agir fidèlement selon tout ce qui y est écrit; car c'est alors que tu auras du succès dans tes entreprises, c'est alors que tu réussiras.

주의 법을 어찌 그리 사랑하는지요

시편 119:97-100

내가 주의 법을 어찌 그리 사랑하는지요

내가 그것을 종일 묵상하나이다

주의 계명이 항상 나와 함께하므로

그것이 나로 원수보다 지혜롭게 하나이다

내가 주의 증거를 묵상하므로

나의 명철함이 나의 모든 스승보다 승하며

주의 법도를 지키므로

나의 명철함이 노인보다 승하니이다

Combien j'aime ta loi!

Psaumes 119:97-100

Combien j'aime ta loi!

Elle est tout le jour l'objet de ma méditation.

Tes commandements me rendent plus sage que

mes ennemis, Car je les ai toujours avec moi.

Je suis plus instruit que tous mes maîtres,

Car tes préceptes sont l'objet de ma méditation.

J'ai plus d'intelligence que les vieillards,

Car j'observe tes ordonnances.

하나님의 전신갑주를 취하라

에베소서 6:13-17

그러므로 하나님의 전신갑주를 취하라 이는 악한 날에 너희가 능히 대적하고 모든 일을 행한 후에 서기 위함이라 그런즉 서서 진리로 너희 허리띠를 띠고 의의 흉배를 붙이고 평안의 복음의 예비한 것으로 신을 신고 모든 것 위에 믿음의 방패를 가지고 이로써 능히 악한 자의 모든 화전을 소멸하고 구원의 투구와 성령의 검 곧 하나님의 말씀을 가지라

도를 행하는 자가 되고

야고보서 1:22

너희는 도를 행하는 자가 되고
듣기만 하여 자신을 속이는 자가 되지 말라

Prenez toutes les armes de Dieu

Ephésiens 6:13-17

C'est pourquoi, prenez toutes les armes de Dieu, afin de pouvoir résister dans le mauvais jour, et tenir ferme après avoir tout surmonté.

Tenez donc ferme: ayez à vos reins la vérité pour ceinture; revêtez la cuirasse de la justice; mettez pour chaussure à vos pieds le zèle que donne l'Évangile de paix; prenez par-dessus tout cela le bouclier de la foi, avec lequel vous pourrez éteindre tous les traits enflammés du malin; prenez aussi le casque du salut, et l'épée de l'Esprit, qui est la parole de Dieu.

Mettez en pratique la parole

Jacques 1:22

Mettez en pratique la parole, et ne vous bornez pas à l'écouter, en vous trompant vous-mêmes par de faux raisonnements.

여호와를 경외하는 것이 지식의 근본

잠언 1:7-8

여호와를 경외하는 것이 지식의 근본이어늘 미련한 자는
지혜와 훈계를 멸시하느니라 내 아들아 네 아비의 훈계
를 들으며 네 어미의 법을 떠나지 말라

여호와를 공경하라

잠언 3:9-10

네 재물과 네 소산물의 처음 익은 열매로 여호와를 공
경하라 그리하면 네 창고가 가득히 차고 네 즙틀에 새
포도즙이 넘치리라

La crainte de l'Éternel est le commencement de la science

Proverbes 1:7-8

La crainte de l'Éternel est le commencement de la science; Les insensés méprisent la sagesse et l'instruction. Écoute, mon fils, l'instruction de ton père, Et ne rejette pas l'enseignement de ta mère

Honore l'Éternel avec tes biens

Proverbes 3:9-10

Honore l'Éternel avec tes biens, Et avec les prémices de tout ton revenu: Alors tes greniers seront remplis d'abondance, Et tes cuves regorgeront de moût.

내 이름을 경외하는 너희에게는

말라기 4:1-2

만군의 여호와가 이르노라 보라 극렬한 풀무불 같은 날이 이르리니 교만한 자와 악을 행하는 자는 다 초개같을 것이라 그 이르는 날이 그들을 살라 그 뿌리와 가지를 남기지 아니할 것이로되 내 이름을 경외하는 너희에게는 의로운 해가 떠올라서 치료하는 광선을 발하리니 너희가 나가서 외양간에서 나온 송아지 같이 뛰리라

마음을 다하여 여호와를 의뢰하고

잠언 3:5-6

너는 마음을 다하여 여호와를 의뢰하고 네 명철을 의지하지 말라 너는 범사에 그를 인정하라 그리하면 네 길을 지도하시리라

Pour vous qui craignez mon nom

Malachi 4:1-2

Car voici, le jour vient, Ardent comme une fournaise. Tous les hautains et tous les méchants seront comme du chaume; Le jour qui vient les embrasera, Dit l'Éternel des armées, Il ne leur laissera ni racine ni rameau. Mais pour vous qui craignez mon nom, se lèvera Le soleil de la justice, Et la guérison sera sous ses ailes; Vous sortirez, et vous sauterez comme les veaux d'une étable,

Confie-toi en l'Éternel de tout ton coeur

Proverbes 3:5-6

Confie-toi en l'Éternel de tout ton coeur, Et ne t'appuie pas sur ta sagesse; Reconnais-le dans toutes tes voies, Et il aplanira tes sentiers.

여호와를 찾으며 공의와 겸손을 구하라

스바냐 2:3
여호와의 규례를 지키는 세상의 모든 겸손한 자들아
너희는 여호와를 찾으며 공의와 겸손을 구하라
너희가 혹시 여호와의 분노의 날에 숨김을 얻으리라

겸손한 자와 함께하여 마음을 낮추라

잠언 16:18-19
교만은 패망의 선봉이요 거만한 마음은 넘어짐의 앞잡이
니라 겸손한 자와 함께하여 마음을 낮추는 것이 교만한
자와 함께하여 탈취물을 나누는 것보다 나으니라

> Cherchez l'Éternel, recherchez la justice,
> recherchez l'humilité!

Sophonie 2:3

Cherchez l'Éternel, vous tous, humbles du pays, Qui pratiquez ses ordonnances! Recherchez la justice, recherchez l'humilité! Peut-être serez-vous épargnés au jour de la colère de l'Éternel.

> Mieux vaut être humble avec les humbles

Proverbes 16:18-19

L'arrogance précède la ruine, Et l'orgueil précède la chute. Mieux vaut être humble avec les humbles Que de partager le butin avec les orgueilleux.

서로 겸손으로 허리를 동이라

베드로전서 5:5-6

젊은 자들아 이와 같이 장로들에게 순복하고 다 서로 겸손으로 허리를 동이라 하나님이 교만한 자를 대적하시되 겸손한 자들에게는 은혜를 주시느니라 그러므로 하나님의 능하신 손 아래서 겸손하라 때가 되면 너희를 높이시리라

겸손은 존귀의 앞잡이

잠언 18:12

사람의 마음의 교만은 멸망의 선봉이요
겸손은 존귀의 앞잡이니라

Revêtez-vous d'humilité

1 Pierre 5:5-6

De mêmes, vous qui êtes jeunes, soyez soumis aux anciens. Et tous, dans vos rapports mutuels, revêtez-vous d'humilité; car Dieu résiste aux orgueilleux, Mais il fait grâce aux humbles. Humiliez-vous donc sous la puissante main de Dieu, afin qu'il vous élève au temps convenable

L'humilité précède la gloire

Proverbes 18:12

Avant la ruine, le coeur de l'homme s'élève;

Mais l'humilité précède la gloire.

어린 아이들과 같이 되지 아니하면

마태복음 18:3-5

너희가 돌이켜 어린 아이들과 같이 되지 아니하면 결단코 천국에 들어가지 못하리라 그러므로 누구든지 이 어린 아이와 같이 자기를 낮추는 그이가 천국에서 큰 자니라 또 누구든지 내 이름으로 이런 어린 아이 하나를 영접하면 곧 나를 영접함이니

너희 부모를 주 안에서 순종하라

에베소서 6:1-3

자녀들아 너희 부모를 주 안에서 순종하라 이것이 옳으니라 네 아버지와 어머니를 공경하라 이것이 약속 있는 첫 계명이니 이는 네가 잘 되고 땅에서 장수하리라

Devenez comme les petits enfants

Matthieu 18:3-5

Je vous le dis en vérité, si vous ne vous convertissez et si vous ne devenez comme les petits enfants, vous n'entrerez pas dans le royaume des cieux. C'est pourquoi, quiconque se rendra humble comme ce petit enfant sera le plus grand dans le royaume des cieux. Et quiconque reçoit en mon nom un petit enfant comme celui-ci, me reçoit moi-même.

Obéissez à vos parents, selon le Seigneur

Ephésiens 6:1-3

Enfants, obéissez à vos parents, selon le Seigneur, car cela est juste. Honore ton père et ta mère (c'est le premier commandement avec une promesse), afin que tu sois heureux et que tu vives longtemps sur la terre.

듣기는 속히 하고 말하기는 더디 하며

야고보서 1:19

내 사랑하는 형제들아 너희가 알거니와 사람마다 듣기는
속히 하고 말하기는 더디 하며 성내기도 더디 하라

하나님의 영으로 인도함을 받는

로마서 8:12-14

그러므로 형제들아 우리가 빚진 자로되 육신에게 져서
육신대로 살 것이 아니니라 너희가 육신대로 살면 반드
시 죽을 것이로되 영으로써 몸의 행실을 죽이면 살리니
무릇 하나님의 영으로 인도함을 받는 그들은 곧 하나님
의 아들이라

Soit prompt à écouter, lent à parler

Jacques 1:19

Sachez-le, mes frères bien-aimés. Ainsi, que tout homme soit prompt à écouter, lent à parler, lent à se mettre en colère

Conduits par l'Esprit de Dieu

Romains 8:11-14

Ainsi donc, frères, nous ne sommes point redevables à la chair, pour vivre selon la chair. Si vous vivez selon la chair, vous mourrez; mais si par l'Esprit vous faites mourir les actions du corps, vous vivrez, car tous ceux qui sont conduits par l'Esprit de Dieu sont fils de Dieu.

성령의 충만을 받으라

에베소서 5:16-18

세월을 아끼라 때가 악하니라 그러므로 어리석은 자가 되지 말고 오직 주의 뜻이 무엇인가 이해하라 술 취하지 말라 이는 방탕한 것이니 오직 성령의 충만을 받으라

무엇으로 심든지 그대로 거두리라

갈라디아서 6:7-8

스스로 속이지 말라 하나님은 만홀히 여김을 받지 아니하시나니 사람이 무엇으로 심든지 그대로 거두리라 자기의 육체를 위하여 심는 자는 육체로부터 썩어진 것을 거두고 성령을 위하여 심는 자는 성령으로부터 영생을 거두리라

Remplis de l'Esprit

Ephésiens 5:16-18

Rachetez le temps, car les jours sont mauvais. C'est pourquoi ne soyez pas inconsidérés, mais comprenez quelle est la volonté du Seigneur. Ne vous enivrez pas de vin: c'est de la débauche. Soyez, au contraire, remplis de l'Esprit.

Ce qu'un homme aura semé, il le moissonnera aussi

Galates 6:7-8

Ne vous y trompez pas: on ne se moque pas de Dieu. Ce qu'un homme aura semé, il le moissonnera aussi. Celui qui sème pour sa chair moissonnera de la chair la corruption; mais celui qui sème pour l'Esprit moissonnera de l'Esprit la vie éternelle.

성령의 열매

갈라디아서 5:22-26

오직 성령의 열매는 사랑과 희락과 화평과

오래 참음과 자비와 양선과 충성과 온유와 절제니

이 같은 것을 금지할 법이 없느니라

그리스도 예수의 사람들은 육체와 함께 그 정과 욕심을

십자가에 못 박았느니라

만일 우리가 성령으로 살면 또한 성령으로 행할지니

헛된 영광을 구하여 서로 격동하고 서로 투기하지 말지니라

하나님의 온전하신 뜻을 분별하라

로마서 12:2

너희는 이 세대를 본받지 말고 오직 마음을 새롭게 함
으로 변화를 받아 하나님의 선하시고 기뻐하시고 온전하
신 뜻이 무엇인지 분별하도록 하라

Le fruit de l'Esprit

Galates 5:22-26

Mais le fruit de l'Esprit, c'est l'amour, la joie, la paix, la patience, la bonté, la bénignité, la fidélité, la douceur, la tempérance; la loi n'est pas contre ces choses. Ceux qui sont à Jésus Christ ont crucifié la chair avec ses passions et ses désirs.

Si nous vivons par l'Esprit, marchons aussi selon l'Esprit. Ne cherchons pas une vaine gloire, en nous provoquant les uns les autres, en nous portant envie les uns aux autres.

Discernez quelle est la volonté de Dieu

Romains 12:2

Ne vous conformez pas au siècle présent, mais soyez transformés par le renouvellement de l'intelligence, afin que vous discerniez quelle est la volonté de Dieu, ce qui est bon, agréable et parfait

이 세상이나 세상에 있는 것들을 사랑치 말라

요한일서 2:15-17

이 세상이나 세상에 있는 것들을 사랑치 말라

누구든지 세상을 사랑하면 아버지의 사랑이 그 속에 있
지 아니하니 이는 세상에 있는 모든 것이 육신의 정욕
과 안목의 정욕과 이생의 자랑이니 다 아버지께로 좇아
온 것이 아니요 세상으로 좇아 온 것이라

이 세상도, 그 정욕도 지나가되 오직 하나님의 뜻을
행하는 이는 영원히 거하느니라

예수 그리스도의 은혜와 저를 아는 지식

베드로후서 3:18

오직 우리 주 곧 구주 예수 그리스도의 은혜와 저를 아
는 지식에서 자라 가라

영광이 이제와 영원한 날까지 저에게 있을지어다

> # N'aimez point le monde,
> ## ni les choses qui sont dans le monde

1 Jean 2:15-17

N'aimez point le monde, ni les choses qui sont dans le monde. Si quelqu'un aime le monde, l'amour du Père n'est point en lui; car tout ce qui est dans le monde, la convoitise de la chair, la convoitise des yeux, et l'orgueil de la vie, ne vient point du Père, mais vient du monde. Et le monde passe, et sa convoitise aussi; mais celui qui fait la volonté de Dieu demeure éternellement.

> ## Croissez dans la grâce et dans la connaissance
> ## de notre Seigneur et Sauveur Jésus Christ

2 Pierre 3:18

Mais croissez dans la grâce et dans la connaissance de notre Seigneur et Sauveur Jésus Christ. A lui soit la gloire, maintenant et pour l'éternité! Amen!

지혜와 계시의 정신을 주사

에베소서 1:17-19

우리 주 예수 그리스도의 하나님, 영광의 아버지께서 지혜
와 계시의 정신을 너희에게 주사 하나님을 알게 하시고 너
희 마음눈을 밝히사 그의 부르심의 소망이 무엇이며 성도
안에서 그 기업의 영광의 풍성이 무엇이며 그의 힘의 강력
으로 역사하심을 따라 믿는 우리에게 베푸신 능력의 지극
히 크심이 어떤 것을 너희로 알게 하시기를 구하노라

하나님을 경외하고 그 명령을 지킬지어다

전도서 12:13-14

일의 결국을 다 들었으니 하나님을 경외하고 그 명령을
지킬지어다 이것이 사람의 본분이니라 하나님은 모든 행
위와 모든 은밀한 일을 선악간에 심판하시리라

Un esprit de sagesse et de révélation

Ephésiens 1:17-19

Afin que le Dieu de notre Seigneur Jésus Christ, le Père de gloire, vous donne un esprit de sagesse et de révélation, dans sa connaissance, et qu'il illumine les yeux de votre coeur, pour que vous sachiez quelle est l'espérance qui s'attache à son appel, quelle est la richesse de la gloire de son héritage qu'il réserve aux saints, et quelle est envers nous qui croyons l'infinie grandeur de sa puissance, se manifestant avec efficacité par la vertu de sa force.

Crains Dieu et observe ses commandements

Ecclésiaste 12:13-14

Écoutons la fin du discours: Crains Dieu et observe ses commandements. C'est là ce que doit faire tout homme. Car Dieu amènera toute oeuvre en jugement, au sujet de tout ce qui est caché, soit bien, soit mal.

4. Remercie et prie ton Père
감사와 기도로

그리스도의 말씀이 너희 속에 풍성히 거하여

골로새서 3:16-17

그리스도의 말씀이 너희 속에 풍성히 거하여 모든 지혜
로 피차 가르치며 권면하고 시와 찬미와 신령한 노래를
부르며 마음에 감사함으로 하나님을 찬양하고 또 무엇을
하든지 말에나 일에나 다 주 예수의 이름으로 하고 그
를 힘입어 하나님 아버지께 감사하라

여호와께 감사하라

시편 118:1

여호와께 감사하라 저는 선하시며
그 인자하심이 영원함이로다

Que la parole de Christ habite parmi vous abondamment

Colossiens 3:16-17

Que la parole de Christ habite parmi vous abondamment; instruisez-vous et exhortez-vous les uns les autres en toute sagesse, par des psaumes, par des hymnes, par des cantiques spirituels, chantant à Dieu dans vos coeurs sous l'inspiration de la grâce. Et quoi que vous fassiez, en parole ou en oeuvre, faites tout au nom du Seigneur Jésus, en rendant par lui des actions de grâces à Dieu le Père.

Louez l'Éternel

Psaumes 118:1

Louez l'Éternel, car il est bon,

Car sa miséricorde dure à toujours!

여호와께서 기도를 받으시리로다

시편 6:9

여호와께서 내 간구를 들으셨음이여

여호와께서 내 기도를 받으시리로다

의인이 외치매 여호와께서 들으시고

시편 34:17-18

의인이 외치매 여호와께서 들으시고

저희의 모든 환난에서 건지셨도다

여호와는 마음이 상한 자에게 가까이 하시고

중심에 통회하는 자를 구원하시는도다

L'Éternel accueille ma prière

Psaumes 6:9

L'Éternel exauce mes supplications,

L'Éternel accueille ma prière.

Les justes crient, l'Éternel entend

Psaumes 34:17-18

Quand les justes crient, l'Éternel entend, Et il les délivre de toutes leurs détresses;

L'Éternel est près de ceux qui ont le coeur brisé, Et il sauve ceux qui ont l'esprit dans l'abattement.

근심 중에 여호와께 부르짖으매

시편 107:10-15

사람이 흑암과 사망의 그늘에 앉으며 곤고와 쇠사
슬에 매임은 하나님의 말씀을 거역하며 지존자의
뜻을 멸시함이라 그러므로 수고로 저희 마음을 낮
추셨으니 저희가 엎드러져도 돕는 자가 없었도다

이에 저희가 그 근심 중에 여호와께 부르짖으매 그
고통에서 구원하시되 흑암과 사망의 그늘에서 인도
하여 내시고 그 얽은 줄을 끊으셨도다

여호와의 인자하심과 인생에게 행하신 기이한 일을
인하여 그를 찬송할지로다

Dans leur détresse, ils crièrent à l'Éternel

Psaumes 107:10-15

Parce qu'ils s'étaient révoltés contre les paroles de Dieu, Parce qu'ils avaient méprisé le conseil du Très Haut. Il humilia leur coeur par la souffrance; Ils succombèrent, et personne ne les secourut.

Dans leur détresse, ils crièrent à l'Éternel, Et il les délivra de leurs angoisses; Il les fit sortir des ténèbres et de l'ombre de la mort, Et il rompit leurs liens.

Qu'ils louent l'Éternel pour sa bonté, Et pour ses merveilles en faveur des fils de l'homme!

하나님을 가까이 하라

야고보서 4:8

하나님을 가까이 하라 그리하면 너희를 가까이 하시리라
죄인들아 손을 깨끗이 하라 두 마음을 품은 자들아 마
음을 성결케 하라

진실하게 간구하는 모든 자에게

시편 145:18-19

여호와께서는 자기에게 간구하는 모든 자 곧
진실하게 간구하는 모든 자에게 가까이 하시는도다
저는 자기를 경외하는 자의 소원을 이루시며
또 저희 부르짖음을 들으사 구원하시리로다

Approchez-vous de Dieu

Jacques 4:8

Approchez-vous de Dieu, et il s'approchera de vous. Nettoyez vos mains, pécheurs; purifiez vos coeurs, hommes irrésolus.

Invoquez avec sincérité

Psaumes145:18-19

L'Éternel est près de tous ceux qui l'invoquent,

De tous ceux qui l'invoquent avec sincérité;

Il accomplit les désirs de ceux qui le craignent,

Il entend leur cri et il les sauve.

중심에 진실함을 주께서 원하시오니

시편 51:6-10

중심에 진실함을 주께서 원하시오니

내 속에 지혜를 알게 하시리이다

우슬초로 나를 정결케 하소서 내가 정하리이다

나를 씻기소서 내가 눈보다 희리이다

나로 즐겁고 기쁜 소리를 듣게 하사

주께서 꺾으신 뼈로 즐거워하게 하소서

주의 얼굴을 내 죄에서 돌이키시고

내 모든 죄악을 도말하소서

하나님이여 내 속에 정한 마음을 창조하시고

내 안에 정직한 영을 새롭게 하소서

Tu veux que la vérité soit au fond du coeur

Psaumes 51:6-10

Mais tu veux que la vérité soit au fond du coeur:

Fais donc pénétrer la sagesse au dedans de moi!

Purifie-moi avec l'hysope, et je serai pur;

Lave-moi, et je serai plus blanc que la neige.

Annonce-moi l'allégresse et la joie,

Et les os que tu as brisés se réjouiront.

Détourne ton regard de mes péchés,

Efface toutes mes iniquités.

O Dieu! crée en moi un coeur pur,

Renouvelle en moi un esprit bien disposé.

겸비하고 기도하여 내 얼굴을 구하면

역대하 7:14-15

내 이름으로 일컫는 내 백성이 그 악한 길에서 떠나
스스로 겸비하고 기도하여 내 얼굴을 구하면
내가 하늘에서 듣고 그 죄를 사하고 그 땅을 고칠지라
이곳에서 하는 기도에 내가 눈을 들고 귀를 기울이리니

너희가 내 안에 거하고 내 말이 너희 안에 거하면

요한복음 15:7

너희가 내 안에 거하고 내 말이 너희 안에 거하면
무엇이든지 원하는 대로 구하라 그리하면 이루리라

Si mon peuple s'humilie, prie, et cherche ma face

2 Chroniques 7:14-15

si mon peuple sur qui est invoqué mon nom s'humilie, prie, et cherche ma face, et s'il se détourne de ses mauvaises voies, je l'exaucerai des cieux, je lui pardonnerai son péché, et je guérirai son pays. Mes yeux seront ouverts désormais, et mes oreilles seront attentives à la prière faite en ce lieu.

Si vous demeurez en moi, et que mes paroles demeurent en vous

Jean 15:7

Si vous demeurez en moi, et que mes paroles demeurent en vous, demandez ce que vous voudrez, et cela vous sera accordé.

내게 부르짖으며 와서 내게 기도하면

예레미야 29:11-13

나 여호와가 말하노라 너희를 향한 나의 생각은 내가 아나니 재앙이 아니라 곧 평안이요 너희 장래에 소망을 주려 하는 생각이라

너희는 내게 부르짖으며 와서 내게 기도하면 내가 너희를 들을 것이요 너희가 전심으로 나를 찾고 찾으면 나를 만나리라

내게 부르짖으라

예레미야 33:3

너는 내게 부르짖으라 내가 네게 응답하겠고
네가 알지 못하는 크고 비밀한 일을 네게 보이리라

Vous m'invoquerez, et vous me prierez

Jérémie 29:11-13

Car je connais les projets que j'ai formés sur vous, dit l'Éternel, projets de paix et non de malheur, afin de vous donner un avenir et de l'espérance. Vous m'invoquerez, et vous partirez; vous me prierez, et je vous exaucerai. Vous me chercherez, et vous me trouverez, si vous me cherchez de tout votre coeur.

Invoque-moi

Jérémie 33:3

Invoque-moi, et je te répondrai; Je t'annoncerai de grandes choses, des choses cachées, Que tu ne connais pas.

은밀한 중에 계신 네 아버지께 기도하라

마태복음 6:6

너는 기도할 때에 네 골방에 들어가 문을 닫고
은밀한 중에 계신 네 아버지께 기도하라
은밀한 중에 보시는 네 아버지께서 갚으시리라

두세 사람이 내 이름으로 모인 곳에는

마태복음 18:19-20

진실로 다시 너희에게 이르노니 너희 중에 두 사람이
땅에서 합심하여 무엇이든지 구하면 하늘에 계신 내 아
버지께서 저희를 위하여 이루게 하시리라 두세 사람이
내 이름으로 모인 곳에는 나도 그들 중에 있느니라

Prie ton Père qui est là dans le lieu secret

Matthieu 6:6

Mais quand tu pries, entre dans ta chambre, ferme ta porte, et prie ton Père qui est là dans le lieu secret; et ton Père, qui voit dans le secret, te le rendra.

Là où deux ou trois sont assemblés en mon nom

Matthieu 18:19-20

Je vous dis encore que, si deux d'entre vous s'accordent sur la terre pour demander une chose quelconque, elle leur sera accordée par mon Père qui est dans les cieux. Car là où deux ou trois sont assemblés en mon nom, je suis au milieu d'eux.

하나님을 믿으라

마가복음 11:22-24

예수께서 대답하여 저희에게 이르시되 하나님을 믿으라
내가 진실로 너희에게 이르노니 누구든지 이 산더러 들
리어 바다에 던지우라 하며 그 말하는 것이 이룰 줄 믿
고 마음에 의심치 아니하면 그대로 되리라

그러므로 내가 너희에게 말하노니 무엇이든지 기도하고
구하는 것은 받은 줄로 믿으라 그리하면 너희에게 그대
로 되리라

믿고 구하는 것은 다 받으리라

마태복음 21:22

너희가 기도할 때에 무엇이든지
믿고 구하는 것은 다 받으리라 하시니라

Ayez foi en Dieu

Marc 11:22-24

Jésus prit la parole, et leur dit: Ayez foi en Dieu. Je vous le dis en vérité, si quelqu'un dit à cette montagne: Ote-toi de là et jette-toi dans la mer, et s'il ne doute point en son coeur, mais croit que ce qu'il dit arrive, il le verra s'accomplir.

C'est pourquoi je vous dis: Tout ce que vous demanderez en priant, croyez que vous l'avez reçu, et vous le verrez s'accomplir.

Tout ce que vous demanderez avec foi

Matthieu 21:22

Tout ce que vous demanderez avec foi
par la prière, vous le recevrez.

구하라 찾으라 두드리라

마태복음 7:7-8

구하라 그러면 너희에게 주실 것이요 찾으라 그러면 찾
을 것이요 문을 두드리라 그러면 너희에게 열릴 것이니
구하는 이마다 얻을 것이요 찾는 이가 찾을 것이요 두
드리는 이에게 열릴 것이니라

그의 뜻대로 구하면

요한일서 5:14-15

그를 향하여 우리의 가진 바 담대한 것이 이것이니 그
의 뜻대로 무엇을 구하면 들으심이라 우리가 무엇이든지
구하는 바를 들으시는 줄을 안즉 우리가 그에게 구한
그것을 얻은 줄을 또한 아느니라

Demandez, cherchez, et frappez

Matthieu 7:7-8

Demandez, et l'on vous donnera; cherchez, et vous trouverez; frappez, et l'on vous ouvrira.

Car quiconque demande reçoit, celui qui cherche trouve, et l'on ouvre à celui qui frappe.

Si nous demandons quelque chose selon sa volonté

1Jean 5:14-15

Nous avons auprès de lui cette assurance, que si nous demandons quelque chose selon sa volonté, il nous écoute. Et si nous savons qu'il nous écoute, quelque chose que nous demandions, nous savons que nous possédons la chose que nous lui avons demandée.

모든 일에 기도와 간구로

빌립보서 4:6-7

아무것도 염려하지 말고 오직 모든 일에 기도와 간구로,
너희 구할 것을 감사함으로 하나님께 아뢰라
그리하면 모든 지각에 뛰어난 하나님의 평강이
그리스도 예수 안에서 너희 마음과 생각을 지키시리라

은혜의 보좌 앞에 담대히 나아갈 것이니라

히브리서 4:15-16

우리에게 있는 대제사장은 우리 연약함을 체휼하지 아니
하는 자가 아니요 모든 일에 우리와 한결같이 시험을
받은 자로되 죄는 없으시니라 그러므로 우리가 긍휼하심
을 받고 때를 따라 돕는 은혜를 얻기 위하여 은혜의 보
좌 앞에 담대히 나아갈 것이니라

Par des prières et des supplications

Philippiens 4:6-7

Ne vous inquiétez de rien; mais en toute chose faites connaître vos besoins à Dieu par des prières et des supplications, avec des actions de grâces. Et la paix de Dieu, qui surpasse toute intelligence, gardera vos coeurs et vos pensées en Jésus Christ.

Approchons-nous avec assurance du trône de la grâce

Hébreux 4:15-16

Car nous n'avons pas un souverain sacrificateur qui ne puisse compatir à nos faiblesses; au contraire, il a été tenté comme nous en toutes choses, sans commettre de péché. Approchons-nous donc avec assurance du trône de la grâce afin d'obtenir miséricorde et de trouver grâce, pour être secourus dans nos besoins.

기도하고 찬송할지니라

야고보서 5:13

너희 중에 고난당하는 자가 있느냐 저는 기도할 것이요 즐거워하는 자가 있느냐 저는 찬송할지니라

임금들과 높은 지위에 있는 모든 사람을 위하여

디모데전서 2:1-2

그러므로 내가 첫째로 권하노니 모든 사람을 위하여 간구와 기도와 도고와 감사를 하되 임금들과 높은 지위에 있는 모든 사람을 위하여 하라 이는 우리가 모든 경건과 단정한 중에 고요하고 평안한 생활을 하려 함이니라

Qu'il prie et qu'il chante

Jacques 5-13

Quelqu'un parmi vous est-il dans la souffrance? Qu'il prie. Quelqu'un est-il dans la joie? Qu'il chante des cantiques.

Faire des prières pour tous les hommes

1 Timothée 2:1-2

J'exhorte donc, avant toutes choses, à faire des prières, des supplications, des requêtes, des actions de grâces, pour tous les hommes, pour les rois et pour tous ceux qui sont élevés en dignité, afin que nous menions une vie paisible et tranquille, en toute piété et honnêteté.

너희 원수를 사랑하며

마태복음 5:44-45

나는 너희에게 이르노니 너희 원수를 사랑하며
너희를 핍박하는 자를 위하여 기도하라
이같이 한즉 하늘에 계신 너희 아버지의 아들이 되리니
이는 하나님이 그 해를 악인과 선인에게 비취게 하시며
비를 의로운 자와 불의한 자에게 내리우심이니라

무시로 성령 안에서 기도하고

에베소서 6:18

모든 기도와 간구로 하되 무시로 성령 안에서 기도하고
이를 위하여 깨어 구하기를 항상 힘쓰며 여러 성도를
위하여 구하고

Aimez vos ennemis

Matthieu 5:44-45

Mais moi, je vous dis: Aimez vos ennemis, bénissez ceux qui vous maudissent, faites du bien à ceux qui vous haïssent, et priez pour ceux qui vous maltraitent et qui vous persécutent, afin que vous soyez fils de votre Père qui est dans les cieux; car il fait lever son soleil sur les méchants et sur les bons, et il fait pleuvoir sur les justes et sur les injustes.

Faites en tout temps par l'Esprit

Ephésiens 6:18

Faites en tout temps par l'Esprit toutes sortes de prières et de supplications. Veillez à cela avec une entière persévérance, et priez pour tous les saints.

먼저 그의 나라와 그의 의를 구하라

마태복음 6:33

너희는 먼저 그의 나라와 그의 의를 구하라

그리하면 이 모든 것을 너희에게 더하시리라

주 예수 그리스도의 긍휼을 기다리라

유다서 1:20-21

사랑하는 자들아 너희는 너희의 지극히 거룩한 믿음 위
에 자기를 건축하며 성령으로 기도하며 하나님의 사랑
안에서 자기를 지키며 영생에 이르도록 우리 주 예수
그리스도의 긍휼을 기다리라

Cherchez premièrement le royaume et la justice de Dieu

Matthieu 6:33

Cherchez premièrement le royaume et la justice de Dieu; et toutes ces choses vous seront données par-dessus.

Attendez la miséricorde de notre Seigneur Jésus Christ

Jude 1:20-21

Pour vous, bien-aimés, vous édifiant vous-mêmes sur votre très sainte foi, et priant par le Saint Esprit, maintenez-vous dans l'amour de Dieu, en attendant la miséricorde de notre Seigneur Jésus Christ pour la vie éternelle.

5. Aime ton Dieu et ton prochain
하나님 사랑, 이웃 사랑

하나님이 세상을 이처럼 사랑하사

요한복음 3:16

하나님이 세상을 이처럼 사랑하사
독생자를 주셨으니 이는 저를 믿는 자마다
멸망치 않고 영생을 얻게 하려 하심이니라

그리스도께서 우리를 위하여 죽으심으로

로마서 5:8

우리가 아직 죄인 되었을 때에 그리스도께서 우리를 위
하여 죽으심으로 하나님께서 우리에게 대한 자기의 사랑
을 확증하셨느니라

Dieu a tant aimé le monde

Jean 3:16

Car Dieu a tant aimé le monde qu'il a donné son Fils unique, afin que quiconque croit en lui ne périsse point, mais qu'il ait la vie éternelle.

Christ est mort pour nous

Romains 5:8

Mais Dieu prouve son amour envers nous, en ce que, lorsque nous étions encore des pécheurs, Christ est mort pour nous.

하나님은 사랑이심이라

요한일서 4:8-12

사랑하지 아니하는 자는 하나님을 알지 못하나니
이는 하나님은 사랑이심이라

하나님의 사랑이 우리에게 이렇게 나타난바 되었으
니 하나님이 자기의 독생자를 세상에 보내심은 저
로 말미암아 우리를 살리려 하심이니라

사랑은 여기 있으니 우리가 하나님을 사랑한 것이
아니요 오직 하나님이 우리를 사랑하사 우리 죄를
위하여 화목제로 그 아들을 보내셨음이니라

사랑하는 자들아 하나님이 이같이 우리를 사랑하셨
은즉 우리도 서로 사랑하는 것이 마땅하도다

어느 때나 하나님을 본 사람이 없으되 만일 우리가
서로 사랑하면 하나님이 우리 안에 거하시고 그의
사랑이 우리 안에 온전히 이루느니라

Dieu est amour

1 Jean 4:8-12

Celui qui n'aime pas n'a pas connu Dieu, car Dieu est amour.

L'amour de Dieu a été manifesté envers nous en ce que Dieu a envoyé son Fils unique dans le monde, afin que nous vivions par lui.

Et cet amour consiste, non point en ce que nous avons aimé Dieu, mais en ce qu'il nous a aimés et a envoyé son Fils comme victime expiatoire pour nos péchés.

Bien-aimés, si Dieu nous a ainsi aimés, nous devons aussi nous aimer les uns les autres.

Personne n'a jamais vu Dieu; si nous nous aimons les uns les autres, Dieu demeure en nous, et son amour est parfait en nous.

하나님 여호와를 사랑하라

신명기 6:5

너는 마음을 다하고 성품을 다하고 힘을 다하여
네 하나님 여호와를 사랑하라

하나님을 사랑하면

고린도전서 8:3

또 누구든지 하나님을 사랑하면
이 사람은 하나님의 아시는 바 되었느니라

Tu aimeras l'Éternel

Deutéronome 6:5

Tu aimeras l'Éternel, ton Dieu, de tout ton coeur, de toute ton âme et de toute ta force.

Si quelqu'un aime Dieu

1 Corinthiens 8:3

Mais si quelqu'un aime Dieu,

celui-là est connu de lui.

나를 사랑하는 자들이 나의 사랑을 입으며

잠언 8:17

나를 사랑하는 자들이 나의 사랑을 입으며
나를 간절히 찾는 자가 나를 만날 것이니라

하나님을 사랑하는 것은

요한일서 5:3

하나님을 사랑하는 것은 이것이니 우리가 그의 계명들을
지키는 것이라 그의 계명들은 무거운 것이 아니로다

J'aime ceux qui m'aiment

Proverbes 8:17

J'aime ceux qui m'aiment,

Et ceux qui me cherchent me trouvent.

L'amour de Dieu

1 Jean 5:3

Car l'amour de Dieu consiste à garder ses commandements. Et ses commandements ne sont pas pénibles,

나의 계명을 지키는 자라야

요한복음 14:21

나의 계명을 가지고 지키는 자라야 나를 사랑하는 자니
나를 사랑하는 자는 내 아버지께 사랑을 받을 것이요
나도 그를 사랑하여 그에게 나를 나타내리라

내 사랑 안에 거하라

요한복음 15:9-10

아버지께서 나를 사랑하신 것같이 나도 너희를 사랑하였
으니 나의 사랑 안에 거하라 내가 아버지의 계명을 지
켜 그의 사랑 안에 거하는 것같이 너희도 내 계명을 지
키면 내 사랑 안에 거하리라

Celui qui garde mes commandements

Jean 14:21

Celui qui a mes commandements et qui les garde,
c'est celui qui m'aime; et celui qui m'aime sera
aimé de mon Père, je l'aimerai, et je me ferai
connaître à lui.

Demeurez dans mon amour

Jean 15:9-10

Comme le Père m'a aimé, je vous ai aussi aimés.
Demeurez dans mon amour. Si vous gardez mes
commandements, vous demeurerez dans mon amour,
de même que j'ai gardé les commandements de
mon Père, et que je demeure dans son amour.

너희 착한 행실을 보고

마태복음 5:16

이같이 너희 빛을 사람 앞에 비취게 하여 저희로 너희
착한 행실을 보고 하늘에 계신 너희 아버지께 영광을
돌리게 하라

선을 행하되 낙심하지 말지니

갈라디아서 6:9-10

우리가 선을 행하되 낙심하지 말지니 피곤하지 아니하면
때가 이르매 거두리라 그러므로 우리는 기회 있는 대로
모든 이에게 착한 일을 하되 더욱 믿음의 가정들에게
할지니라

Afin qu'ils voient vos bonnes oeuvres

Matthieu 5:16

Que votre lumière luise ainsi devant les hommes, afin qu'ils voient vos bonnes oeuvres, et qu'ils glorifient votre Père qui est dans les cieux.

Ne nous lassons pas de faire le bien

Galates 6:9-10

Ne nous lassons pas de faire le bien; car nous moissonnerons au temps convenable, si nous ne nous relâchons pas. Ainsi donc, pendant que nous en avons l'occasion, pratiquons le bien envers tous, et surtout envers les frères en la foi.

네 이웃을 네 몸과 같이 사랑하라

마태복음 22:37-39

예수께서 가라사대 네 마음을 다하고 목숨을 다하고
뜻을 다하여 주 너의 하나님을 사랑하라 하셨으니 이
것이 크고 첫째 되는 계명이니 둘째는 그와 같으니
네 이웃을 네 몸과 같이 사랑하라 하셨으니

서로 사랑하라

요한복음 13:34-35

새 계명을 너희에게 주노니 서로 사랑하라
내가 너희를 사랑한 것같이 너희도 서로 사랑하라
너희가 서로 사랑하면 이로써 모든 사람이 너희가
내 제자인줄 알리라

Tu aimeras ton prochain comme toi-même

Matthieu 22:37-39

Jésus lui répondit: Tu aimeras le Seigneur, ton Dieu, de tout ton coeur, de toute ton âme, et de toute ta pensée. C'est le premier et le plus grand commandement. Et voici le second, qui lui est semblable: Tu aimeras ton prochain comme toi-même.

Aimez-vous les uns les autres

Jean 13:34-35

Je vous donne un commandement nouveau: Aimez-vous les uns les autres; comme je vous ai aimés, vous aussi, aimez-vous les uns les autres. A ceci tous connaîtront que vous êtes mes disciples, si vous avez de l'amour les uns pour les autres

사랑은

고린도전서 13:4-7

사랑은 오래 참고 사랑은 온유하며

투기하는 자가 되지 아니하며

사랑은 자랑하지 아니하며

교만하지 아니하며

무례히 행치 아니하며

자기의 유익을 구치 아니하며

성내지 아니하며

악한 것을 생각지 아니하며

불의를 기뻐하지 아니하며

진리와 함께 기뻐하고

모든 것을 참으며 모든 것을 믿으며

모든 것을 바라며 모든 것을 견디느니라

La charité

1 Corinthiens 13:4-7

La charité est patiente,

elle est pleine de bonté;

la charité n'est point envieuse;

la charité ne se vante point,

elle ne s'enfle point d'orgueil,

elle ne fait rien de malhonnête,

elle ne cherche point son intérêt,

elle ne s'irrite point,

elle ne soupçonne point le mal,

elle ne se réjouit point de l'injustice,

mais elle se réjouit de la vérité;

elle excuse tout, elle croit tout,

elle espère tout, elle supporte tout.

하나님이 기뻐하는 금식

이사야 58:6-11

나의 기뻐하는 금식은 흉악의 결박을 풀어 주며 멍에의 줄을 끌러 주며 압제 당하는 자를 자유케 하며 모든 멍에를 꺾는 것이 아니겠느냐

또 주린 자에게 네 식물을 나눠 주며 유리하는 빈민을 네 집에 들이며 벗은 자를 보면 입히며 또 네 골육을 피하여 스스로 숨지 아니하는 것이 아니겠느냐

그리하면 네 빛이 아침 같이 비췰 것이며 네 치료가 급속할 것이며 네 의가 네 앞에 행하고 여호와의 영광이 네 뒤에 호위하리니 네가 부를 때에는 나 여호와가 응답하겠고 네가 부르짖을 때에는 말하기를 내가 여기 있다 하리라

만일 네가 너희 중에서 멍에와 손가락질과 허망한 말을 제하여 버리고 주린 자에게 네 심정을 동하며 괴로워하는 자의 마음을 만족케 하면 네 빛이 흑암 중에서 발하여 네 어두움이 낮과 같이 될 것이며 나 여호와가 너를 항상 인도하여 마른 곳에서도 네 영혼을 만족케 하며 네 뼈를 견고케 하리니 너는 물 댄 동산 같겠고 물이 끊어지지 아니하는 샘 같을 것이라

Voici le jeûne auquel je prends plaisir

Esaïe 58:6-11

Voici le jeûne auquel je prends plaisir: Détache les chaînes de la méchanceté, Dénoue les liens de la servitude, Renvoie libres les opprimés, Et que l'on rompe toute espèce de joug; Partage ton pain avec celui qui a faim, Et fais entrer dans ta maison les malheureux sans asile; Si tu vois un homme nu, couvre-le, Et ne te détourne pas de ton semblable.

Alors ta lumière poindra comme l'aurore, Et ta guérison germera promptement; Ta justice marchera devant toi, Et la gloire de l'Éternel t'accompagnera. Alors tu appelleras, et l'Éternel répondra; Tu crieras, et il dira: Me voici!

Si tu éloignes du milieu de toi le joug, Les gestes menaçants et les discours injurieux, Si tu donnes ta propre subsistance à celui qui a faim, Si tu rassasies l'âme indigente, Ta lumière se lèvera sur l'obscurité, Et tes ténèbres seront comme le midi.

L'Éternel sera toujours ton guide, Il rassasiera ton âme dans les lieux arides, Et il redonnera de la vigueur à tes membres; Tu seras comme un jardin arrosé, Comme une source dont les eaux ne tarissent pas.

모든 겸손과 온유로 하고

에베소서 4:2

모든 겸손과 온유로 하고 오래 참음으로
사랑 가운데서 서로 용납하고

너희가 더욱 힘써

베드로후서 1:5-7

이러므로 너희가 더욱 힘써 너희 믿음에 덕을, 덕에 지
식을, 지식에 절제를, 절제에 인내를, 인내에 경건을, 경
건에 형제 우애를, 형제 우애에 사랑을 공급하라

En toute humilité et douceur

Ephésiens 4:2

En toute humilité et douceur, avec patience,
vous supportant les uns les autres avec charité,

Faites tous vos efforts

2 Pierre 1:5-7

À cause de cela même, faites tous vos efforts pour
joindre à votre foi la vertu, à la vertu la science, à
la science la tempérance, à la tempérance la
patience, à la patience la piété, à la piété l'amour
fraternel, à l'amour fraternel la charité.

마음을 같이 하여 같은 사랑을 가지고

빌립보서 2:1-4

그러므로 그리스도 안에 무슨 권면이나 사랑에 무슨 위로나 성령의 무슨 교제나 긍휼이나 자비가 있거든 마음을 같이 하여 같은 사랑을 가지고 뜻을 합하며 한 마음을 품어 아무 일에든지 다툼이나 허영으로 하지 말고 오직 겸손한 마음으로 각각 자기보다 남을 낮게 여기고 각각 자기 일을 돌아볼 뿐더러 또한 각각 다른 사람들의 일을 돌아보아 나의 기쁨을 충만케 하라

사랑으로 행하라

고린도전서 16:14

너희 모든 일을 사랑으로 행하라

Ayant un même sentiment, un même amour

Philippiens 2:1-4

Si donc il y a quelque consolation en Christ, s'il y a quelque soulagement dans la charité, s'il y a quelque union d'esprit, s'il y a quelque compassion et quelque miséricorde, rendez ma joie parfaite, ayant un même sentiment, un même amour, une même âme, une même pensée.

Ne faites rien par esprit de parti ou par vaine gloire, mais que l'humilité vous fasse regarder les autres comme étant au-dessus de vous-mêmes.

Que chacun de vous, au lieu de considérer ses propres intérêts, considère aussi ceux des autres.

Se fasse avec charité

1 Corinthiens 16:14

Que tout ce que vous faites se fasse avec charité!

하나님이 그리스도 안에서 용서하심과 같이

에베소서 4:32

서로 인자하게 하며 불쌍히 여기며 서로 용서하기를
하나님이 그리스도 안에서 너희를 용서하심과 같이 하라

용서하라

마가복음 11:25

서서 기도할 때에 아무에게나 혐의가 있거든 용서하라
그리하여야 하늘에 계신 너희 아버지도 너희 허물을 사
하여 주시리라 하셨더라

Comme Dieu vous a pardonné en Christ

Ephésiens 4:32

Soyez bons les uns envers les autres, compatissants, vous pardonnant réciproquement, comme Dieu vous a pardonné en Christ.

Pardonnez

Marc 11:25

Et, lorsque vous êtes debout faisant votre prière, si vous avez quelque chose contre quelqu'un, pardonnez, afin que votre Père qui est dans les cieux vous pardonne aussi vos offenses.

사랑은 율법의 완성

로마서 13:10

사랑은 이웃에게 악을 행치 아니하나니
그러므로 사랑은 율법의 완성이니라

서로 사랑할지니

베드로전서 4:7-8

만물의 마지막이 가까웠으니 그러므로 너희는 정신을 차
리고 근신하여 기도하라 무엇보다도 열심으로 서로 사랑
할지니 사랑은 허다한 죄를 덮느니라

L'amour est l'accomplissement de la loi

Romains 13:10

L'amour ne fait point de mal au prochain:
l'amour est donc l'accomplissement de la loi.

Ayez les uns pour les autres une ardente charité

1 Pierre 4:7-8

La fin de toutes choses est proche. Soyez donc
sages et sobres, pour vaquer à la prière. Avant tout,
ayez les uns pour les autres une ardente charité, car
La charité couvre une multitude de péchés.

6. Ayant les regards sur Jésus
예수님을 바라보며

이 말씀은 곧 하나님이시니라

요한복음 1:1-4

태초에 말씀이 계시니라 이 말씀이 하나님과 함께
계셨으니 이 말씀은 곧 하나님이시니라

그가 태초에 하나님과 함께 계셨고 만물이 그로 말
미암아 지은 바 되었으니 지은 것이 하나도 그가
없이는 된 것이 없느니라

그 안에 생명이 있었으니 이 생명은 사람들의 빛이
라

말씀이 육신이 되어

요한복음 1: 14

말씀이 육신이 되어 우리 가운데 거하시매 우리가 그
영광을 보니 아버지의 독생자의 영광이요 은혜와 진리가
충만하더라

La Parole était Dieu

Jean 1:1-4

Au commencement était la Parole, et la Parole était avec Dieu, et la Parole était Dieu. Elle était au commencement avec Dieu. Toutes choses ont été faites par elle, et rien de ce qui a été fait n'a été fait sans elle. En elle était la vie, et la vie était la lumière des hommes.

La parole a été faite chair

Jean 1:14

Et la parole a été faite chair, et elle a habité parmi nous, pleine de grâce et de vérité; et nous avons contemplé sa gloire, une gloire comme la gloire du Fils unique venu du Père.

빛으로 세상에 왔나니

요한복음 12:46

나는 빛으로 세상에 왔나니 무릇 나를 믿는 자로 어두움에 거하지 않게 하려 함이로라

사망에서 생명으로

요한복음 5:24

내가 진실로 진실로 너희에게 이르노니 내 말을 듣고 또 나 보내신 이를 믿는 자는 영생을 얻었고 심판에 이르지 아니하나니 사망에서 생명으로 옮겼느니라

Je suis venu comme une lumière

Jean 12:46

Je suis venu comme une lumière dans le monde, afin que quiconque croit en moi ne demeure pas dans les ténèbres.

Il est passé de la mort à la vie

Jean 5:24

En vérité, en vérité, je vous le dis, celui qui écoute ma parole, et qui croit à celui qui m'a envoyé, a la vie éternelle et ne vient point en jugement, mais il est passé de la mort à la vie.

길이요 진리요 생명이니

요한복음 14:6

예수께서 가라사대 내가 곧 길이요 진리요 생명이니
나로 말미암지 않고는 아버지께로 올 자가 없느니라

성경이 곧 내게 대하여 증거하는 것이로다

요한복음 5:39

너희가 성경에서 영생을 얻는 줄 생각하고 성경을 상고
하거니와 이 성경이 곧 내게 대하여 증거하는 것이로다

Je suis le chemin, la vérité, et la vie

Jean 14:6

Jésus lui dit: Je suis le chemin, la vérité, et la vie. Nul ne vient au Père que par moi.

Les Écritures rendent témoignage de moi

Jean 5:39

Vous sondez les Écritures, parce que vous pensez avoir en elles la vie éternelle: ce sont elles qui rendent témoignage de moi.

평강의 왕

이사야 9:6

이는 한 아기가 우리에게 났고 한 아들을 우리에게 주
신바 되었는데 그 어깨에는 정사를 메었고 그 이름은
기묘자라, 모사라, 전능하신 하나님이라, 영존하시는 아
버지라, 평강의 왕이라 할 것임이라

그는 공의로우며 구원을 베풀며 겸손하여서

스가랴 9:9

시온의 딸아 크게 기뻐할지어다 예루살렘의 딸아 즐거이
부를지어다 보라 네 왕이 네게 임하나니 그는 공의로우
며 구원을 베풀며 겸손하여서 나귀를 타나니 나귀의 작
은 것 곧 나귀새끼니라

Prince de la paix

Esaïe 9:6

Car un enfant nous est né, un fils nous est donné, Et la domination reposera sur son épaule; On l'appellera Admirable, Conseiller, Dieu puissant, Père éternel, Prince de la paix.

Il est juste et victorieux, Il est humble

Zacharie 9:9

Sois transportée d'allégresse, fille de Sion! Pousse des cris de joie, fille de Jérusalem! Voici, ton roi vient à toi; Il est juste et victorieux, Il est humble et monté sur un âne, Sur un âne, le petit d'une ânesse.

아들과 또 아들의 소원대로 계시를 받는 자 외에는

마태복음 11:27

내 아버지께서 모든 것을 내게 주셨으니 아버지 외에는
아들을 아는 자가 없고 아들과 또 아들의 소원대로 계
시를 받는 자 외에는 아버지를 아는 자가 없느니라

나를 믿는 자는 나를 보내신 이를 믿는 것

요한복음 12:44-45

예수께서 외쳐 가라사대 나를 믿는 자는 나를 믿는 것
이 아니요 나를 보내신 이를 믿는 것이며 나를 보는 자
는 나를 보내신 이를 보는 것이니라

Si ce n'est le Fils et celui
à qui le Fils veut le révéler

Matthieu 11:27

Toutes choses m'ont été données par mon Père, et personne ne connaît le Fils, si ce n'est le Père; personne non plus ne connaît le Père, si ce n'est le Fils et celui à qui le Fils veut le révéler.

Celui qui croit en moi croit en celui qui m'a envoyé

Jean 12:44-45

Or, Jésus s'était écrié: Celui qui croit en moi croit, non pas en moi, mais en celui qui m'a envoyé; et celui qui me voit voit celui qui m'a envoyé.

그의 피로 말미암아 죄 사함을 받았으니

에베소서 1:7

우리가 그리스도 안에서 그의 은혜의 풍성함을 따라 그의 피로 말미암아 구속 곧 죄 사함을 받았으니

내가 그리스도와 함께 십자가에 못 박혔나니

갈라디아서 2:20

내가 그리스도와 함께 십자가에 못 박혔나니 그런즉 이제는 내가 산 것이 아니요 오직 내 안에 그리스도께서 사신 것이라 이제 내가 육체 가운데 사는 것은 나를 사랑하사 나를 위하여 자기 몸을 버리신 하나님의 아들을 믿는 믿음 안에서 사는 것이라

En lui nous avons la rédemption par son sang

Ephésiens 1:7

En lui nous avons la rédemption par son sang, la rémission des péchés, selon la richesse de sa grâce,

J'ai été crucifié avec Christ

Galates 2:20

J'ai été crucifié avec Christ; et si je vis, ce n'est plus moi qui vis, c'est Christ qui vit en moi; si je vis maintenant dans la chair, je vis dans la foi au Fils de Dieu, qui m'a aimé et qui s'est livré lui-même pour moi.

그리스도 안에서 삶을 얻으리라

고린도전서 15:22

아담 안에서 모든 사람이 죽은 것같이
그리스도 안에서 모든 사람이 삶을 얻으리라

능력의 심히 큰 것이 하나님께 있고

고린도후서 4:6-7

어두운 데서 빛이 비취리라 하시던 그 하나님께서 예수
그리스도의 얼굴에 있는 하나님의 영광을 아는 빛을 우
리 마음에 비취셨느니라 우리가 이 보배를 질그릇에 가
졌으니 이는 능력의 심히 큰 것이 하나님께 있고 우리
에게 있지 아니함을 알게 하려 함이라

Tous revivront en Christ

1 Corinthiens 15:22

Et comme tous meurent en Adam,

de même aussi tous revivront en Christ.

Cette grande puissance soit attribuée à Dieu

2 Corinthiens 4:6-7

Car Dieu, qui a dit: La lumière brillera du sein des ténèbres! a fait briller la lumière dans nos coeurs pour faire resplendir la connaissance de la gloire de Dieu sur la face de Christ. Nous portons ce trésor dans des vases de terre, afin que cette grande puissance soit attribuée à Dieu, et non pas à nous.

너희로 우리와 사귐이 있게 하려 함이니

요한일서 1:3

우리가 보고 들은 바를 너희에게도 전함은 너희로 우리
와 사귐이 있게 하려 함이니 우리의 사귐은 아버지와
그 아들 예수 그리스도와 함께함이라

끝까지 사랑하시니라

요한복음 13:1

유월절 전에 예수께서 자기가 세상을 떠나 아버지께로
돌아가실 때가 이른 줄 아시고 세상에 있는 자기 사람
들을 사랑하시되 끝까지 사랑하시니라

Vous aussi vous soyez en communion avec nous

1 Jean 1:3

Ce que nous avons vu et entendu, nous vous l'annonçons, à vous aussi, afin que vous aussi vous soyez en communion avec nous. Or, notre communion est avec le Père et avec son Fils Jésus Christ.

Jésus mit le comble à son amour pour eux

Jean 13:1

Avant la fête de Pâque, Jésus, sachant que son heure était venue de passer de ce monde au Père, et ayant aimé les siens qui étaient dans le monde, mit le comble à son amour pour eux.

너희도 서로 사랑하라

요한복음 15:12

내 계명은 곧 내가 너희를 사랑한 것같이
너희도 서로 사랑하라 하는 이것이니라

아버지의 원대로 되기를 원하나이다

누가복음 22:42-44

가라사대 아버지여 만일 아버지의 뜻이어든 이 잔을 내게
서 옮기시옵소서 그러나 내 원대로 마옵시고 아버지의 원
대로 되기를 원하나이다 하시니 사자가 하늘로부터 예수
께 나타나 힘을 돕더라 예수께서 힘쓰고 애써 더욱 간절
히 기도하시니 땀이 땅에 떨어지는 핏방울 같이 되더라

Aimez-vous les uns les autres

Jean 15:12

C'est ici mon commandement: Aimez-vous les uns les autres, comme je vous ai aimés.

Que ma volonté ne se fasse pas, mais la tienne

Luc 22:42-44

disant: Père, si tu voulais éloigner de moi cette coupe! Toutefois, que ma volonté ne se fasse pas, mais la tienne. Alors un ange lui apparut du ciel, pour le fortifier. Étant en agonie, il priait plus instamment, et sa sueur devint comme des grumeaux de sang, qui tombaient à terre.

저희를 사하여 주옵소서

누가복음 23:34
이에 예수께서 가라사대 아버지여 저희를 사하여 주옵소
서 자기의 하는 것을 알지 못함이니이다 하시더라

그가 채찍에 맞음으로 우리가 나았도다

이사야 53:5
그가 찔림은 우리의 허물을 인함이요
그가 상함은 우리의 죄악을 인함이라
그가 징계를 받음으로 우리가 평화를 누리고
그가 채찍에 맞음으로 우리가 나음을 입었도다

Père, pardonne-leur

Luc 23:34

Jésus dit: Père, pardonne-leur, car ils ne savent ce qu'ils font.

C'est par ses meurtrissures que nous sommes guéris

Esaïe 53:5

Mais il était blessé pour nos péchés, Brisé pour nos iniquités; Le châtiment qui nous donne la paix est tombé sur lui, Et c'est par ses meurtrissures que nous sommes guéris.

큰 사랑을 인하여 그리스도와 함께 살리셨고

에베소서 2:4-5

긍휼에 풍성하신 하나님이 우리를 사랑하신 그 큰 사랑을 인하여 허물로 죽은 우리를 그리스도와 함께 살리셨고 (너희가 은혜로 구원을 얻은 것이라)

담대하라, 내가 세상을 이기었노라

요한복음 16:33

이것을 너희에게 이름은 너희로 내 안에서 평안을 누리게 하려 함이라 세상에서는 너희가 환난을 당하나 담대하라 내가 세상을 이기었노라 하시니라

À cause du grand amour, il nous a rendus à la vie avec Christ

Ephésiens 2:4-5

Mais Dieu, qui est riche en miséricorde, à cause du grand amour dont il nous a aimés, nous qui étions morts par nos offenses, nous a rendus à la vie avec Christ (c'est par grâce que vous êtes sauvés)

Prenez courage, j'ai vaincu le monde

Jean 16:33

Je vous ai dit ces choses, afin que vous ayez la paix en moi. Vous aurez des tribulations dans le monde; mais prenez courage, j'ai vaincu le monde.

저가 모든 사람을 대신하여 죽으심은

고린도후서 5:15

저가 모든 사람을 대신하여 죽으심은 산 자들로 하여금 다시는 저희 자신을 위하여 살지 않고 오직 저희를 대신하여 죽었다가 다시 사신 자를 위하여 살게 하려 함이니라

너희에게 분부한 모든 것을 가르쳐 지키게 하라

마태복음 28:18-20

예수께서 나아와 일러 가라사대 하늘과 땅의 모든 권세를 내게 주셨으니 그러므로 너희는 가서 모든 족속으로 제자를 삼아 아버지와 아들과 성령의 이름으로 세례를 주고 내가 너희에게 분부한 모든 것을 가르쳐 지키게 하라 볼지어다 내가 세상 끝 날까지 너희와 항상 함께 있으리라 하시니라

Qu'il est mort pour tous

2 Corinthiens 5:15

et qu'il est mort pour tous, afin que ceux qui vivent ne vivent plus pour eux-mêmes, mais pour celui qui est mort et ressuscité pour eux.

Enseignez-leur à observer tout ce que je vous ai prescrit

Matthieu 28:18-20

Jésus, s'étant approché, leur parla ainsi: Tout pouvoir m'a été donné dans le ciel et sur la terre. Allez, faites de toutes les nations des disciples, les baptisant au nom du Père, du Fils et du Saint Esprit, et enseignez-leur à observer tout ce que je vous ai prescrit. Et voici, je suis avec vous tous les jours, jusqu'à la fin du monde.

다 회개하기에 이르기를 원하시느니라

베드로후서 3:8-9

사랑하는 자들아 주께는 하루가 천년 같고 천년이 하루 같은 이 한 가지를 잊지 말라 주의 약속은 어떤 이의 더디다고 생각하는 것같이 더딘 것이 아니라 오직 너희를 대하여 오래 참으사 아무도 멸망치 않고 다 회개하기에 이르기를 원하시느니라

우리를 위하여 간구하시는

로마서 8:34

누가 정죄하리요 죽으실 뿐 아니라 다시 살아나신 이는 그리스도 예수시니 그는 하나님 우편에 계신 자요 우리를 위하여 간구하시는 자시니라

Voulant que tous arrivent à la repentance

2 Pierre 3:8-9

Mais il est une chose, bien-aimés, que vous ne devez pas ignorer, c'est que, devant le Seigneur, un jour est comme mille ans, et mille ans sont comme un jour. Le Seigneur ne tarde pas dans l'accomplissement de la promesse, comme quelques-uns le croient; mais il use de patience envers vous, ne voulant pas qu'aucun périsse, mais voulant que tous arrivent à la repentance.

Il intercède pour nous

Romains 8:34

Qui les condamnera? Christ est mort; bien plus, il est ressuscité, il est à la droite de Dieu, et il intercède pour nous!

예수의 마음을 품으라

빌립보서 2:5-11

너희 안에 이 마음을 품으라 곧 그리스도 예수의 마음이니 그는 근본 하나님의 본체시나 하나님과 동등 됨을 취할 것으로 여기지 아니하시고 오히려 자기를 비어 종의 형체를 가져 사람들과 같이 되었고 사람의 모양으로 나타나셨으매 자기를 낮추시고 죽기까지 복종하셨으니 곧 십자가에 죽으심이라

이러므로 하나님이 그를 지극히 높여 모든 이름 위에 뛰어난 이름을 주사 하늘에 있는 자들과 땅에 있는 자들과 땅 아래 있는 자들로 모든 무릎을 예수의 이름에 꿇게 하시고 모든 입으로 예수 그리스도를 주라 시인하여 하나님 아버지께 영광을 돌리게 하셨느니라

Les sentiments qui étaient en Jésus Christ

Philippiens 2:5-11

Ayez en vous les sentiments qui étaient en Jésus Christ, lequel, existant en forme de Dieu, n'a point regardé comme une proie à arracher d'être égal avec Dieu, mais s'est dépouillé lui-même, en prenant une forme de serviteur, en devenant semblable aux hommes; et ayant paru comme un simple homme, il s'est humilié lui-même, se rendant obéissant jusqu'à la mort, même jusqu'à la mort de la croix.

C'est pourquoi aussi Dieu l'a souverainement élevé, et lui a donné le nom qui est au-dessus de tout nom, afin qu'au nom de Jésus tout genou fléchisse dans les cieux, sur la terre et sous la terre, et que toute langue confesse que Jésus Christ est Seigneur, à la gloire de Dieu le Père.

예수를 바라보며

히브리서 12:1-2

이러므로 우리에게 구름 같이 둘러싼 허다한 증인들이 있으니 모든 무거운 것과 얽매이기 쉬운 죄를 벗어 버리고 인내로써 우리 앞에 당한 경주를 경주하며 믿음의 주요 또 온전케 하시는 이인 예수를 바라보자 저는 그 앞에 있는 즐거움을 위하여 십자기를 참으사 부끄러움을 개의치 아니하시더니 하나님 보좌 우편에 앉으셨느니라

누구든지 내 음성을 듣고 문을 열면

요한계시록 3:20-21

볼지어다 내가 문밖에 서서 두드리노니 누구든지 내 음성을 듣고 문을 열면 내가 그에게로 들어가 그로 더불어 먹고 그는 나로 더불어 먹으리라 이기는 그에게는 내가 내 보좌에 함께 앉게 하여 주기를 내가 이기고 아버지 보좌에 함께 앉은 것과 같이 하리라

Ayant les regards sur Jésus

Hébreux 12:1-2

Nous donc aussi, puisque nous sommes environnés d'une si grande nuée de témoins, rejetons tout fardeau, et le péché qui nous enveloppe si facilement, et courons avec persévérance dans la carrière qui nous est ouverte, ayant les regards sur Jésus, le chef et le consommateur de la foi, qui, en vue de la joie qui lui était réservée, a souffert la croix, méprisé l'ignominie, et s'est assis à la droite du trône de Dieu.

Si quelqu'un entend ma voix et ouvre la porte

Apocalypse 3:20-21

Voici, je me tiens à la porte, et je frappe. Si quelqu'un entend ma voix et ouvre la porte, j'entrerai chez lui, je souperai avec lui, et lui avec moi. Celui qui vaincra, je le ferai asseoir avec moi sur mon trône, comme moi j'ai vaincu et me suis assis avec mon Père sur son trône.

팔복의 사람

마태복음 5:3-10

심령이 가난한 자는 복이 있나니
천국이 저희 것임이요
애통하는 자는 복이 있나니
저희가 위로를 받을 것임이요
온유한 자는 복이 있나니
저희가 땅을 기업으로 받을 것임이요
의에 주리고 목마른 자는 복이 있나니
저희가 배부를 것임이요
긍휼히 여기는 자는 복이 있나니
저희가 긍휼히 여김을 받을 것임이요
마음이 청결한 자는 복이 있나니
저희가 하나님을 볼 것임이요
화평케 하는 자는 복이 있나니
저희가 하나님의 아들이라 일컬음을 받을 것임이요
의를 위하여 핍박을 받은 자는 복이 있나니
천국이 저희 것임이라

Les Béatitudes

Matthieu 5:3-10

Heureux les pauvres en esprit,

car le royaume des cieux est à eux!

Heureux les affligés, car ils seront consolés!

Heureux les débonnaires,

car ils hériteront la terre!

Heureux ceux qui ont faim et soif de la justice, car ils seront rassasiés!

Heureux les miséricordieux,

car ils obtiendront miséricorde!

Heureux ceux qui ont le coeur pur,

car ils verront Dieu!

Heureux ceux qui procurent la paix,

car ils seront appelés fils de Dieu!

Heureux ceux qui sont persécutés pour la justice,

car le royaume des cieux est à eux!

Supplément 부록

Liste des livres de La Bible 성경 책명

Le Notre Père 주기도문

Le Crédo 사도신경

Les Dix Commandements de Dieu 십계명

Liste des livres de La Bible 성경 책명

Ancien Testament 구약

Le Pentateuque 모세오경

Genèse   창세기

Exode   출애굽기

Lévitique   레위기

Nombres   민수기

Deutéronome   신명기

Les Livres historiques de la Bible 역사서

Josué   여호수아

Juges   사사기

Ruth   룻기

1 Samuel   사무엘상

2 Samuel   사무엘하

1 Rois   열왕기상

2 Rois   열왕기하

1 Chroniques   역대상

2 Chroniques   역대하

Esdras   에스라

Néhémie   느헤미야

Esther   에스더

Les Livres poétiques de la Bible 시가서

Job   욥기

Psaumes   시편

Proverbes   잠언

Ecclésiaste   전도서

Cantique   아가

Les Prophètes de la Bible 예언서

Esaïe   이사야

Jérémie   예레미야

Lamentations   예레미야 애가

Ezéchiel   에스겔

Daniel   다니엘

Osée   호세아

Joël   요엘

Amos   아모스

Abdias   오바댜

Jonas 요나

Michée 미가

Nahum 나훔

Habacuc 하박국

Sophonie 스바냐

Aggée 학개

Zacharie 스가랴

Malachie 말라기

Nouveau Testament 신약

Matthieu 마태복음

Marc 마가복음

Luc 누가복음

Jean 요한복음

Actes 사도행전

Romains 로마서

1 Corinthiens 고린도전서

2 Corinthiens 고린도후서

Galates 갈라디아서

Ephésiens 에베소서

Philippiens 빌립보서

Colossiens   골로새서

1 Thessaloniciens   데살로니가전서

2 Thessaloniciens   데살로니가후서

1 Timothée   디모데전서

2 Timothée   디모데후서

Tite   디도서

Philémon   빌레몬서

Hébreux   히브리서

Jacques   야고보서

1 Pierre   베드로전서

2 Pierre   베드로후서

1 Jean   요한일서

2 Jean   요한이서

3 Jean   요한삼서

Jude   유다서

Apocalypse   요한계시록

주기도문

마태복음 6:9-13

그러므로 너희는 이렇게 기도하라

하늘에 계신 우리 아버지여

이름이 거룩히 여김을 받으시오며 나라가 임하옵시며

뜻이 하늘에서 이룬 것같이 땅에서도 이루어지이다

오늘날 우리에게 일용할 양식을 주옵시고

우리가 우리에게 죄 지은 자를 사하여 준 것같이

우리 죄를 사하여 주옵시고

우리를 시험에 들게 하지 마옵시고

다만 악에서 구하옵소서

(나라와 권세와 영광이 아버지께 영원히 있사옵나이다

아멘)

Le "Notre Père"

Matthieu 6:9–13

Notre Père qui es aux cieux!

Que ton nom soit sanctifié; que ton règne vienne;

que ta volonté soit faite sur la terre comme au

ciel. Donne-nous aujourd'hui notre pain quotidien;

pardonne-nous nos offenses,

comme nous aussi nous pardonnons

à ceux qui nous ont offensés;

ne nous induis pas en tentation,

mais délivre-nous du malin.

Car c'est à toi qu'appartiennent, dans tous les

siècles, le règne, la puissance et la gloire. Amen!

사도신경

전능하사 천지를 만드신 하나님 아버지를 내가 믿사오며
그 외아들 우리 주 예수 그리스도를 믿사오니
이는 성령으로 잉태하사 동정녀 마리아에게 나시고
본디오 빌라도에게 고난을 받으사 십자가에 못 박혀 죽
으시고
장사한 지 사흘 만에 죽은 자 가운데서 다시 살아나시며
하늘에 오르사 전능하신 하나님 우편에 앉아 계시다가
저리로서 산 자와 죽은 자를 심판하러 오시리라.
성령을 믿사오며 거룩한 공회와 성도가 서로 교통하는
것과 죄를 사하여 주시는 것과 몸이 다시 사는 것과
영원히 사는 것을 믿사옵나이다.

아멘.

Le Crédo: Symbole des Apôtres

Je crois en un seul Dieu, le Père tout-puissant, Créateur du ciel et de la terre,

et en Jésus-Christ, son Fils unique, notre Seigneur,

qui a été conçu du Saint-Esprit, (et) (qui) est né de la Vierge Marie ;

(Il) a souffert sous Ponce Pilate, (Il) a été crucifié,

(Il) est mort, (Il) a été enseveli, (Il) est descendu aux enfers ;

le troisième jour, (Il) est ressuscité des morts;

(Il) est monté au ciel,

Il siège à la droite de Dieu, le Père tout-puissant;

d'où Il viendra de là pour juger les vivants et les morts.

Je crois en l'Esprit-Saint,

Je crois la sainte Église universelle, la communion des saints, la rémission des péchés,

la résurrection de la chair et la vie éternelle.

Amen.

십 계 명

1. 너는 나 외에는 다른 신들을 네게 두지 말라.
2. 너를 위하여 새긴 우상을 만들지 말고 또 위로 하늘에 있는 것이나 아래로 땅에 있는 것이나 땅 아래 물 속에 있는 것의 어떤 형상도 만들지 말라.
3. 너는 네 하나님 여호와의 이름을 망령되게 부르지 말라.
4. 안식일을 기억하여 거룩하게 지키라.
5. 네 부모를 공경하라.
6. 살인하지 말라.
7. 간음하지 말라.
8. 도둑질하지 말라.
9. 네 이웃에 대하여 거짓 증거하지 말라.
10. 네 이웃의 집을 탐내지 말라.

출애굽기 20:1-17

Les Dix Commandements de Dieu

1. Tu n'auras pas d'autres dieux devant ma face.

2. Tu ne te feras pas de statue, ni de représentation quelconque de ce qui est en haut dans le ciel, de ce qui est en bas sur la terre, et de ce qui est dans les eaux plus bas que la terre.

3. Tu ne prendras pas le nom de l'Éternel, ton Dieu, en vain.

4. Souviens-toi du jour du sabbat, pour le sanctifier.

5. Honore ton père et ta mère.

6. Tu ne commettras pas de meurtre.

7. Tu ne commettras pas d'adultère.

8. Tu ne commettras pas de vol

9. Tu ne porteras pas de faux témoignage contre ton prochain.

10. Tu ne convoiteras pas la maison de ton prochain.

Exode 20:1-17

프랑스어 성경 암송 습관

발　행 | 2020년 10월 12일
엮　음 | 다니엘 번역팀

펴낸이 | 박선주
펴낸곳 | 도서출판 은혜의강
출판등록 | 2020.06.17.(제399-2020-000029호)

주　소 | 경기도 남양주시 오남읍 양지로240번길 38, 207-903
이메일 | monamiesunju@naver.com
블로그 | https://blog.naver.com/monamiesunju

ISBN | 979-11-91137-01-9

ⓒ 도서출판 은혜의강 2020